「絵本のへや」の子どもたち

絵本だいすきの園児とともに

大西紀子［著］
Oonishi Noriko

高文研

「絵本のへや」のはじまり

「わあー、えほんのくにー！」と叫んで飛び込んできた、とおるくんの第一声が今でも鮮明に耳に残っています。千葉県市川市の公立幼稚園に、まだまだ読書環境が備わっていなかった、二十数年も前のことです。

園内のあちこちに眠っていた絵本をかき集め、またこれも、たまのお客様用にしか使われない、応接間を改修して、絵本文庫＝「絵本のへや」を始めた日の、ご利用第一号のとおるくんの声に、手ごたえを感じた瞬間でした。

二〇〇冊ほどのささやかな絵本に反応して、「ひとつの国」をイメージできる子どもの感性に心踊らせ、涙した最初の一歩が忘れられず、「絵本のへや」作りはその後、私が転勤していく先ざきの、五つの幼稚園でも続けてきました。

クラス担任を離れてフリーの立場で、園全体の子どもたちと自由にふれあえる場として考えた末にたどりついた、絵本だいすきな読み手の私が発想した場所でした。

願った通り「絵本のへや」は、幼稚園の中で子どもたちの心憩えるオアシスとして、クラスの枠をこえ、遊びや活動の流れの合間に、好きに立ち寄れるスペースとなり、自由に絵本を手にしてページをめくる喜びが得られる、読書空間になりました。

私は園の用事の合間は、できる限り「絵本のへや」の守人として部屋につめ、「よんでー」と頼まれれば読み手となり、ともに絵本の世界を楽しんだものです。

「絵本のへや」からは子どもを中心に、保育者と保護者を巻き込んだ、絵本の読みがたりの楽しさを味わう人の輪が、どの園でも広がりました。読みがたりのだいすきなお母さんの絵本サークルが生まれ、さらには卒園後もお母さんたちが地域の学校でその活動を継続した例も多く、園ぐるみ、家庭ぐるみ、地域ぐるみの、読みがたり活動として根づいていきました。

絵本の読み手、「絵本の道案内人」として二十有余年。何年も書きためた記録をひもときながら、「絵本のへや」から巣立っていった子どもたち一人ひとりの絵本体験に寄り添った、思い出深いエピソードを「この本だいすきの会」の通信に綴りました。

本書は、その連載に加筆、再構成してまとめたものです。

もくじ

Ⅱ

夏のころ――絵本とのかかわり、広がるふれ合い

III

秋のころ──絵本の世界に遊ぶ

IV

冬のころ──絵本体験から表現活動へ

装丁＝商業デザインセンター・松田　礼一

Ⅰ 春のころ——絵本との出会い、友との出会い

よっちゃんよりみち、かえりみち

『こぶたがずんずん』
（渡辺一枝文　長新太絵／あすなろ書房）

入園式が終わり、いよいよ新しい幼稚園生活のはじまりの一歩。

よっちゃんは、喜びいさんで登園すると、だいすきな砂場に直行。遊びはじめると、カバンもそのまま、帽子も取り替えずに砂遊びに夢中です。周りの子の使っている遊具でも、欲しいと思えば、さっさと取り上げます。どんなに相手に抗議されても、馬の耳に念仏で意に解しません。まだまだわが世界に没頭していてマイペースです。でも、明るくあふれんばかりの笑顔に引き込まれ、相手の子もあきらめて許してしまう関係が続いていました。

梅雨に入り、傘をさしても遊びまわっていたよっちゃんが、六月のひどい降りの日に、やっと絵本のへやに現れたのです。そして、手にした絵本は、『こぶたがずんずん』でした。

「よんで！」と差し出し、ニコニコしています。

「こわいものなし　こぶたのおはなしです　これでおしまいです」と読み終えると、「もういっかい！」との催促で、結局三度のアンコールでした。

大胆でこわいもの知らずで、めずらしがりやの子ぶたが、ずんずんずんずん進んでいくだけの、単純な繰りかえしですが、ぶほぉうぶほぉうと突進する子ぶたのお尻がユーモラスで、とても魅力的なのです。広い原っぱをわが物顔に突き進む子ぶたに自分を重ねて、大満足のよっちゃんの得意そうな表情に、読み手もいっしょにニンマリでした。後で、担任から報告がありました。

「よっちゃん、はじめてスタンプ遊びをしたんですよ。れん根の穴二つちょうだいって、ぶほぉうぶほぉうって言いながら、れん根を黒で押して喜んでいたんです。それがまるでぶたの鼻そのもので、聞いてみると『子ぶただよ』ですって。絵本も見せてくれ、うれしかったです」とのこと。

長新太の絵のパワーが、よっちゃんを揺り動かしたかなと喜んだものです。

そのよっちゃんのはじめた子ぶたの鼻スタンプは、もちろんクラスの子の間に流行ったことは言うまでもありません。

マイペースのよっちゃんが、少しずつ友だちとかかわりだしたのも、このころからです。またよっちゃんには、幼稚園を終えてからの楽しみがあったことが、担任の家庭訪問でわかりました。

家まで帰る道々で、アリの穴をのぞいてしゃがみこみ、アリを見つけては、それを追いかけて公園まで行ったり、だんご虫を集め出すと横道のどぶ川までと、家に帰り着くのに三〇分以上もかかるのが日課だったのです。

よっちゃんの好奇心に、ゆったりとつき合っているお母さんの子育てぶりには感心しつつ、少しずつみんなとの約束ごとや、安全面へも気づかせていきたいと、担任は願っていました。

その後、絵本のへやにきたよっちゃんにすすめてみた絵本は、**『かえりみち』**（あま

んきみこ著　西巻茅子画／童心社）でした。帰り道を間違え、迷子になり泣いていた女の子を子ぎつねがいっしょに道を探し、今度は子ぎつねが迷子になると、子ぐまが助けてと、次つぎと人助けが巡っていくという展開です。

「人は自分だけでは生きていけない。誰かの助けがあって生かされている」とのメッセージを伝えたいという作者の思いが、「ほっこり」と心に残るやさしいお話です。

よっちゃんは体をすり寄せて、実に熱心に聞き入り、最後に女の子と母親が迷子の子うさぎを送り届けると、満面の笑みを浮かべて、読み手の目を見つめました。

「せんせいにもよんでもらう、かして！」

とねだると、絵本を抱え込んでしまう姿に苦笑しながらうなづくと、「よっちゃんもよりみちかえりみち！」と歌うように言いながら、さっさとクラスへ帰っていきました。

その絵本をクラスで読んでもらったり、絵本の貸し出しで家庭で楽しんだあと、よっちゃんは自分の家までの道々の地図を描いて見せにきました。アリの巣や、チョウの飛ぶ公園も描かれた、よっちゃんの楽しさいっぱいの帰り道でした。

わたしのネリノ、かわいそう

『まっくろネリノ』
（ヘルガ・ガルラー作　やがわすみこ訳／偕成社）

ゆうちゃんが、絵本のへやの絨毯《じゅうたん》の上で、『**まっくろネリノ**』の絵本を見ながら、ネリノを愛《いと》しそうに手でなでています。

「かわいそう、かわいそう」とつぶやくその横に、くみちゃんがそっとのぞき込んでうなづいています。絵本のへやに二人は連れだって、よくやって来る常連です。

ゆうちゃんは、入園してからずーっと、お母さんを追って泣き、一学期間、クラスに入らなかった女の子でした。下に二つ違いの妹と、生まれたばかりの弟がいて、お母さんへの愛情が強く、離れがたいのでしょう。お母さんが帰ってからもテラスで泣き続け、担任はもちろん、どんな誘いや声かけにも耳をかしません。次つぎと、「なんでないてるの?」と聞いては通りすがる子どもたち、立ち止まってじっと見る子もいます。

「おかあさんがいいんだって」

「おうちへかえりたいんだって」

「なかよしさんがほしいんだって」

と、担任はゆうちゃんの気持ちを代弁(?)しながら、つき合いました。


そんな日々の中、五月のはじめ、くみちゃんがゆうちゃんのそばにそっと寄り添い、ひと言も声は発せずに涙を時どき拭ってやる姿が見られるようになりました。「どうしたの?」などと聞くのでなく、泣きたいゆうちゃんの気持ちをいっしょに感じている、そんなふうです。

担任と私は、一日一回は、ゆうちゃんが一番心安らぐ居場所である、テラスで絵本を読みました。

最初は、あまり気乗りせずに絵本に目もくれずに泣いていたのですが、日がたつにつれて、体で聞いている手応えを感じ、担任と喜び合ったものです。

五月の中旬、テラスの上につばめが巣を作りました。テラスに寝ころんでいるゆうちゃんといっしょにつばめの巣作りを眺めたことで心を開いたゆうちゃんが、絵本の読みがたりに耳を傾け、聞き入るようになりました。

その中で、とくに気に入ったのが『**まっくろネリノ**』です。

きれいな色をしたお兄さんたちに遊んでもらえず、自分の黒いことを悲しんで、きれいになりたいと願うネリノに心から同情して、眉を曇らせ、本当に愛しそうに感情移入している姿が印象的でした。

年長になって、ゆうちゃんの居心地よい場所は絵本のへやになりましたが、いろいろな絵本を手にしてもネリノへの愛着は増すばかり。大のなかよしになったくみちゃんといっしょに、ネリノの絵をよく描き、卒園記念のアルバムの表紙の絵も、卒園制作の絵も、まわりの友だちが感心するような素敵なネリノでした。

ゆうちゃんにとってのネリノは、友だちの中へすんなりと入れずに、母を追って泣いていた自分のやるせないさびしい気持ちと重なる愛しい存在であるとともに、自らの力で兄鳥たちを助け、信頼を勝ちとった、ネリノの勇気を自分の心の励みにして取り込んでいるのではと思えるほどでした。

絵本のネリノに励まされて、そして、泣いていたそばで、いっしょに寄り添ってくれたくみちゃんという友だちも出来て、絵本のへやでのゆうちゃんは生き生きとしていて、**『わたしのワンピース』**（にしまきかやこ文・絵／こぐま社）や**『あのやまこえてどこいくの』**（ひろかわさえこ作／アリス館）のＯＨＰづくりに取り組んだり、年少組を招いて映画館ごっこをしたり、グループの活動も楽しめるようになったのです。

「かわいそう、かわいそう」という気持ち、相手を思いやる心、愛しむやさしさを素直に出せるようになったゆうちゃんの成長を見て、よい絵本のもつ癒《いや》しの力と、子どもの感じる心の奥深さに、目を見張らずにはいられません。

ぼくはだいくのとうりょうになる！

『まさかりどんがさあたいへん』

（かこさとし作・絵／小峰書店）


五月の連休が明けた日、卒園したあきくんが母親とやってきました。私の顔を見るなり開口一番、

「えんちょうせんせい、あきのせっけいず、もってるか？」

と聞きます。挨拶もせずにと、あきれ顔の母親を尻目に、彼の表情は大まじめです。

「だいじにだいじにもってるわよ。いちばんのたからものだからね」

と答えると、あきくんは、それはそれはうれしそうに「そうか！」とニンマリし、ブランコの方へとかけていきました。

あきくんのいう設計図とは、卒園四、五日前に、「これ、ぼくのかいたせっけいず

だよ。えんちょうせんせいのマンション六かいだてつくってあげる」とプレゼントされたもののことです。花の絵柄の模様の紙に書かれたその設計図は、確かに六階建てでした。

その後、卒園式の日、あきくんは「おおきくなったらだいくのとうりょうになりたいです」と、しっかりと宣言して、巣立っていったのでした。

入園してから半年ほどは門で立ち止まり、クラスに入ることに抵抗があってよく泣き、毎朝、母親から手を引き継いで迎え入れた日々が思い起こされます。

幼児音がひどくて、ちょっぴり意思表示に手間取り、友だち関係に自信をもてなかったあきくんのおどおどした表情から、少しずつ明るさが見えてきたのが、絵本のへやでした。

あきくんの好きな絵本は、『まさかりどんがさあたいへん』でした。「まさかり」などという、子どもには縁遠いことばの多いこの絵本には、大工道具がたくさん出てきて擬人化されていて、ユニークな作品です。

「ぼくのおとうさん、だいくしているんだよ」と言いながら、とても自慢気でした。友だちもあきくんの大工道具の説明に聞き入ってのぞきこみ、会話が生まれていきました。とくに途中入園し、なかなか友だちが出来なかったたつくんとは意気投合し、絵本のへやで笑い合う姿が増えたのです。

ゆったりとつき合ってくれるたつくんには、構えることなく自然体のあきくんも、クラス全体での活動には入れ切れずに抜けがちでした。担任がいっしょに寄り添いながら、大勢の動きに徐々に参加していったのは、運動会のころから。

そんなあきくんが、がぜんやる気になったのが、絵本**『どうぞのいす』**（香山美子作　柿本幸造絵／ひさかたチャイルド）です。

手先が器用で折り紙が得意で、どちらかといえば女の子とかかわりがあったあきくんが、ダンボールで椅子を作り、ごっこ遊びを始めました。物語の展開をすっかりマスターしていて、うさぎさんになりきっています。

『どうぞのいす』のお話は次つぎに訪れる動物たちが、椅子の上に置かれた食べ物に語りかけるひとりごとが実に楽しく、「どうぞならえんりょなく」が子どもたちの口癖になり、「劇ごっこ」に広がっていきました。

自分が作った椅子がごっこの中心になっていることと、なかよしのたつくんも椅子つくりのうさぎの役になってくれたことで、その後のあきくんは、台詞もはっきりと大きい声でしゃべり、これが自信につながって、生活発表会を皆と力を合わせて楽しみました。

「もしも、フラミンゴがぶどうを置いたら、何に変わるだろうか?」などと考えて、登場人物を加えていく場面も子どもたちが工夫したり、「ネズミだったらチーズにしたらいい」と、次つぎにアイデアが出てきました。

お父さんの職業へのあこがれと、共感してくれる友の存在が、あきくんの一冊の絵本体験からやる気を引き出し、人とふれあう楽しさを体得させてくれたのでしょう。

「ぼくはだいくのとうりょうになるんだ! だからせっけいずもかくんだよ」

と言う、あきくんの晴れがましい笑顔が、いつか実現することを願ったうれしい再会でした。

ぼくは「ももたろう」つよいんだ

『ももの子たろう』
（おおかわえっせい文
みたげんじろう絵／ポプラ社）

けんちゃんは生後まもなくから気管が弱く、喘息で入退院を繰りかえしました。家庭にいるより病院のベットの上が長かったといいます。

当然、室内生活が中心で、外遊びは数えるほど。子ども同士で遊んだ経験はほとんどなく唯一、五つ離れた姉とのふれあいがあるばかりでの入園でした。

皆の心配した通り、入園しても大勢の子どものいるクラスには入らず、園の最も静かな空間である絵本のへやに「お籠《こも》り」でした。

母親を追って泣くでもなく、絵本を音読のように、声を出して読んでいます。入院中に文字を覚えたそうで、スラスラと読んでいて、大人に読んで欲しいという素振りもありません。しばらく見守っていたのですが、園は嫌がらずに検査や通院のお休み以外はやってきて、絵本のへやであきずに読書三昧《ざんまい》（？）の日々でした。とくに気に入って読んでいたのが「ノンタンシリーズ」でした。「おまけのおまけのきしゃぽっぽー」と節をつけては、一人で悦に入ってうれしそうです。「けんちゃん、おそときもちいいよー。おいでよー」と、担任も友だちも呼ぶのですが、耳に入りません。

そんなある日、五月の中旬のことです。『ももの子たろう』をけんちゃんが「よんで」と言って持ってきたのです。読み進むうちに、けんちゃんの顔が紅潮してきました。痛々しいほど、青白い顔が赤らんで、表情のあまりなかったけんちゃんの目が一躍、光を帯びてキラキラしています。

「一ぱい　たべれば　一ぱいぶんだけ　二はい　たべれば　二はいぶんだけ　むっくり　ずん、むっくり　ずんとおおきくなる。おおきくなって、つよくなる」のくだりでは、身を乗り出して聞き入ります。読み終わると、「もっと」のおねだりでした。

意思表示のなかったけんちゃんにしびれを切らして、「よもうか？　どうする？　これはどう？」などの問いかけにも、はっきりした返事がなかったけんちゃんが、はじめて出した要求（？）といえましょう。

それから一日中、繰りかえし何回も読んだ梅雨時のある日のこと、絵本のへやのけんちゃんが両腕を持ち上げて踏ん張っている姿を見つけました。そっと近づいていくと、「ぼくはつよいんだ！」といいながら、しこを踏み、顔を紅潮させて、ポーズをとっていました。

「一ぱい　たべれば　一ぱいだけ　むっくり　ずん」

と、となえ文句のようにりきみます。「ももの子たろう」になりきっているけんちゃんの晴れ姿に胸が熱くなりました。

その後も数日間、絵本のへやで一人でいる時だけ、「ももたろう」に変身するけんちゃんをそっと見ながら、担任はこんな遊びを誘いかけました。

「せんせいはおにだぞう！　ももたろうさんがくるからにげよう　にげよう」

と言うと、けんちゃんはおにの先生を、

「まてえー、まてえ！」と追いかけだしました。

ニコニコと、これまで見たこともない満面の笑みで、うれしそうに逃げる先生をおぼつかない足どりで懸命に追っていきます。

それを見ていたクラスの子どもたちがかけ寄ってきては、追いかけっこの輪が増えていき、いつの間にか大勢の鬼ごっこの中に、けんちゃんがいました。そのことがあってから、けんちゃんはクラスに入るようになり、外遊びもはじまりました。


病気がちだったけんちゃんの、強く丈夫になりたいという内なる願望が『ももの子たろう』と出会い、自己を鼓舞《こぶ》するきっかけとなったといえる変容の姿です。

けんちゃんのお母さんの「わが子よ大きくなって」の願いが、ももの子たろうのおばあさん、おじいさんの願いと相乗して、けんちゃんを後押ししたと思えて仕方ありません。昔話の素朴で情愛のこもった豊かな言葉のぬくもりを、けんちゃんは心と体で感じとったのでしょう。

「かいぞくのこ」に
わたしもなりたい

『ダンプえんちょうやっつけた』
（ふるたたるひ・たばたせいいち作／童心社）

五月二三日、年長組のかおりちゃんが頭にバンダナをして、いきいきと登園してきた姿を迎えて、あまりの変わりように驚いたのは担任ばかりではありません。むっつりと表情を崩さず、苦手なことには尻込みして、友だちとのかかわりも消極的なかおりちゃんとは、別人のようでしたから。

この日は近くの江戸川へ遊びにいくのです。かおりちゃんの組では、皆で**『ダンプえんちょうやっつけた』**を「つづき読み」してもらってから、海賊ごっこが始まっていました。

園のアスレチックの釣り橋を、海賊の基地に見立てて、かずやを中心とした男の子たちが、四、五人で始めた海賊役にお姫様役のさやをさらっていくという筋だてです。さらったお姫様を見張ってる役はたつやで、かずやのリードが大きいようです。

遊びの展開が一方的になってくると、だれいうともなく「タンマ」が出て、ひとしきり集まって、行った先が絵本のへや。たつやは、やおら本棚から『ダンプえんちょうやっつけた』を取り出してきて、言いました。

「かいぞくのやくそくまもってやろうよ」

1．二どきられたらしぬ。一かいきられただけではしなない。

2．しんでも、いきてるひとがタッチしてくれたら、いきかえる。

3．うみにおちて、一〇かぞえて、あがってこないと、おぼれてしんでしまう。

4．ふねはダンボールのはこ、でもじぶんがふねになって、たけのぼうをかいにしてこいでもかまわない。

この取り決めを納得（？）しあった後、絵本のへやのすぐ横の屋上広場に繰り出したグループは、手作りの剣を持ち出したり、担任にダンボールをもらったりして、基地と船を作り、二手に分れて、海賊ごっこの続きを大いに楽しんでいます。

それをじっと見ていたのがかおりちゃんでした。絵本のへやから熱心に海賊ごっこの動きを見つめながら、なかまに入るでもなく、『**かいぞくのうた**』（和田誠作／あかね書房）を出すと、一人で読む姿が印象に残っていたのです。

そんなかおりちゃんでしたから、わらしこほいくえんの「わたしも　かいぞくのこになる」と叫んだ本の主人公・さくらちゃんのように、やっと自分から、バンダナで海賊気分になるという行動を起こしたのではと察しました。

江戸川でのかおりちゃんは、川べりで見つけた廃船を海賊船にみたてた、かずや率いる男の子グループの横で、料理長よろしくヨモギや、はるじおんの花を食材に、海賊仲間の食事の賄《まかな》い（?）をして、とてもうれしそうな表情です。

担任のアイデアで持ってきたドクロの旗が川風になびいて、「おおい、むこうにたからのしまはっけん」などという声が上がったり、「はらがへったなー、めしまだかー」と、かおりちゃんの動きを認める発言も自然に出ています。

かおりちゃんはただにこにこしながら、作ったご馳走を差し出していました。偶然に見つけた廃船が、同じ絵本のイメージをもつ者同士という結びつきを潤滑《じゅんかつ》にしているようです。

古田足日《たるひ》の作品には、遊びを通した、子ども集団の攻めぎあい、育ちあいが実にいきいきと描かれていて、幼児をもとりこにしてしまう魅力に満ちあふれています。

その後、青天井の下で、自分の出番をつかんだかおりちゃんは、少しずつ自分を出して、自分の遊びたいところへ「いれて」と入っていくようになり、表情が明るくなりました。

「わたしはみてるひとになるんだー」と、怖いことには引っ込み思案だったさくらちゃんが、原っぱという自然を舞台に、なかまとのダイナミックな遊びを通して、困難を乗り越えていった姿とダブった、かおりちゃんの成長です。

願わくば、のびのびと、子どもたちがなかまと群れての遊びが展開できる、豊かな自然いっぱいの原風景を、もっともっと残してやりたいものです。

だれだってひみつはあるものよ！

『ねずみくんのひみつ』
（なかえよしを作　上野紀子絵／ポプラ社）

梅雨時のある日、三人そろって絵本のへやへ入ってきたのは、もり組のみゆきちゃんと、なっちゃんと、ゆうちゃんです。

ひとしきり、絵本の返却でにぎわっていた絵本のへやの喧噪《けんそう》が一段落した一〇時前でした。いつもは真っ先に飛び込んでくるなかよしメンバーなのにと思いながら見ていると、みゆきちゃんが絵本を広げてくすくすと笑いながら、二人に見せて説明しきりです。

「ねっ、ねっ、おかしいでしょ、なんかいよんでも、わたしここがおかしくって、ふっふふふふ」

と言いながら、いかにもおかしそうで、笑いが止まらないというふうです。なっちゃんはなっちゃんで、

「わたしもおおわらいしたのよ。ママもおかしいって、パパにまでみせちゃったんだから。そしたらパパってさ、おれもやったぜっていったので、ママに、いやだーパパっていわれちゃったのよ。おかしいでしょ。あっはっは」

と、受けている様子で、ゆうちゃんに、

「こんどよめば、すっごいおかしいから」

と勧めていました。あまりに三人のやりとりが楽しげで、入り込む余地がないありさまです。こちらの存在が目に入らない状態なので、しばらく傍観していると、今度はこの三人、しゃがみこんで、ひそひそと声をひそめ、内緒ばなしを始めました。その主導権もみゆきちゃんのようです。あの内気（?）で、もじもじとしていたみゆきちゃんが、よくぞ成長したものだと、これまでの育ちを思い出してしまいました。

みゆきちゃんは年子の弟と妹のいるお姉ちゃん。お母さんは日々の子育てにてんて

こまいで、みゆきちゃんはわがままも言わずに母親の手助けをして、お姉ちゃんぶりを発揮していたといいます。

ところが集団生活に入ってみると、同じ年齢の友だちの中で気後れがあって、戸惑いが大きいようでした。言いたいことが言えずに泣いてしまう姿が目立ち、しっかり者のお姉ちゃんとしては、思いっきりギャップを味わったのでしょう。

年長になっても無口な方で、何でもじっくりと取り組み、がんばり屋のみゆきちゃんはだれからも好かれ、落ち着いて自分を出してきていました。でもこんなに夢中でおしゃべりをしているみゆきちゃんの姿は、驚きで新発見です。

内緒話がひとしきり終わると、ふと振り向いたみゆきちゃんが、

「あっ、せんせー」と言って、肩からフッーと力を抜き、ニコッとしたので、

「ずいぶんたのしそうね、なんのえほんだったの」

と問いかけると、その絵本を見せてくれました。

こんなにも話題が盛り上がり、おしゃべりのはずんだその絵本は、**『ねずみくんのひみつ』**でした。なるほどと納得です。「ねずみくんの絵本シリーズ」の九作目で、

両作家の息もピタリと合った軽妙な一作です。

内容は、一人で鼻くそをほじる癖のあるねずみくんが、だいすきなねみちゃんに見られてしまい大慌て。やがておしゃべりのねみちゃんからその話が伝わっていくのですが、鼻を花と間違えたり、歯をおっていたと聞き違えたりで、噂が噂をよんで展開していく途中が愉快です。まわりまわって、最後はねずみくんにその噂が届き、「どうしてぼくのひみつが！」と赤面するオチで、もう一度、大笑いになる本です。

この話を一人でニンマリする子は、よほど絵本の読み込める子ですし、それを話題になかまで楽しめるのは、ジョークを理解し合える関係の育っている子どもたちといえましょう。いっしょに笑い合え、共通体験できる関係のできた幸せなかまたちに拍手です。

盛り上がっている三人に、つい「みゆきちゃんたちもひみつあるの？」と聞いてみると、これまでの内緒話の詮索と聞き違えたのか、この三人、声をそろえて、「だれだってひみつは、あるものよ、ね！」と、うなづきあっていました。

とべ とべ つばめ、ちびっこつばめ

『みなみからきたつばめたち』
（いぬいとみこ作　竹山博絵／福音館書店）

「ワァー！」という喚声が上がり園庭を見てみると、子どもたちが両手を広げてどの子もどの子も旋回するように走り回っています。上を仰ぎながら走るそこには、梅雨の晴れ間の青い空にひなつばめが三、四羽、心もちたどたどしく、初旋回をしています。

つばめの巣立ちを根気よく待ち続けた、たんぽぽ組の子どもたちの喜びの表現を目のあたりにして、「やったね！」の一言でした。

職員室前で、今年はじめて巣作りをしたこのつばめたちは、のんびりした子育て（？）で、幼稚園にいくつか作られた巣の中では一番最後の巣立ちです。

たんぽぽ組のテラスの軒にも巣はあったのですが、子どもたちが降園した放課後に巣立ってしまい、これまでも子どもたちのいる時間の巣立ちは、見ることができませんでした。

この年のたんぽぽ組のひろしくんは、「どうしても、すからでるところがみたい」とこだわり、絵本のへやの鳥の図鑑で、つばめの生態を調べたりしてご執心の一人でした。それに共感した遊びなかまたちと、ぜひいっしょに見たいという気持ちをくんだ担任の配慮で、毎朝、育ち具合を観察していて、「今日こそ、今日こそ」の読みで、一日中にらめっこ状態だったのです。

この日は昼のお弁当タイムをつばめの巣の真下にシートを敷いて、つばめの巣を見ながらの食事中でした。ときどき、ひなたちが交替で尾っぽを巣の外に出して、うんちを落とす中での食事風景は前代未聞でしたが、その執念が実っての巣立ちへの立ち会いですから、喜びもひとしおというものです。

「でたよー」「とんだよー」「すごーい！」の声がこだまし、お弁当を放り出して、つばめを追って走り回る子どもたちを、とがめるわけにはいきません。

ところが一羽、どうしても巣から出られないつばめに気づいたのが、さすがにひろしくんでした。いつも餌をもらいそこねて最後にやっと食べているちびっこつばめです。巣のふちに爪をかけて、何度か浮揚するような羽ばたきはするのですが、思い切って飛びたてません。親つばめがしきりにそばまできて飛び回り、巣立ちを促します。ひろしくんが「とべとべ　ちびっこつばめ！」と、大声をあげて応援です。その周りに次つぎとほかの子どもたちも集まってきて、声援を送りました。

一〇分もたったでしょうか。自分たちの食事の片づけをしてから、さらに残って見守っていたひろしくんグループの目の上で、最後の一羽が飛びたちました。「やったー」と、なかまと抱き合って喜ぶひろしくんでした。

その後、さんざんつばめを追って駆け回ったひろしくんたちは、少し曇ってきた梅雨空の園庭で、

「あらしがきたぞー。はねがぬれるから、ふねにとまってやすもうー！」

などと、すっかりつばめと同化して、嵐の中を飛ぶつばめたちとの旅をイメージした遊びを楽しんでいました。

つばめをテーマにした絵本が少なく、こんな素適な体験の後で、ぜひ読んであげたいと探した絵本は**『みなみからきたつばめたち』**（いぬいとみこ作　竹山博絵／福音館書店）です。「こどものとも」の月刊絵本として発行されたこの作品は、渡り鳥であるつばめたちが生まれ故郷の日本を目ざして、海を渡って旅する途中の出来事を通して、人間とのふれあいや助けあう様子を、子どもにもわかりやすく描いています。

いみじくも、ひろしくんが園庭で表現した海の嵐や、船に翼を休めて船員に介抱されるシーンもあり、子どもたちはすっかり感情移入して、夢中で聞き入りました。暖かな絵で、つばめを待つ日本の懐かしい町並みが心に染みます。渡り鳥たちを迎えて春を喜び、畑作にいそしむ人々の、のどかな田園風景をこれからも未来の子どもたちのためにと願わずにはいられません。たんぽぽ組の子どもたちとともに味わった、生き物への慈しみの心の相乗体験でした。

お兄ちゃんが読んでくれる本がすき！

『きかんしゃやえもん』
（阿川弘之文　岡部冬彦絵／岩波書店）

たいちゃんは大学生のお兄ちゃんがいる次男坊です。お母さんはたいちゃんを産んだ後、体調を崩してしまい、出張がちのお父さんに代わってお兄ちゃんがずいぶんとお世話をしたようです。

お兄ちゃんとよく見ていた魚の図鑑がお気に入りで、絵本のへやに来ると、決まってまず魚図鑑を見て、「たら、らた、さめ、めさ、まぐろ、ろぐま」などと、魚の名前を「逆さ読み」をしては、ウフフと笑い声をあげます。

一人でいることが苦にならない様子で、むしろたいちゃんに興味のあるしょうくんがそばに寄っていくと、「あっちへいってよ」と嫌がります。体を動かす遊びには関心が薄く、絵本のへやへ来ては、魚図鑑をかかえて持ち歩く姿が続き、なかなか友だちへの思いが育ちませんでした。

絵本のへやでポツンとしている時は出来るだけそばにいて、魚の「逆さ読み」につき合いながら、たいちゃんの興味をもつ絵本を読みがたっていきました。

運動会を終えて、秋も深まったころです。

お兄ちゃんに読んでもらったといいながら、『きかんしゃやえもん』を家から持ってきて、うれしそうに読んでくれました。ちょうど、しょうくんも来ていてのぞき込みましたが、「いやよー」の拒否もなく、読み手に没頭しているたいちゃんの紅潮した顔が印象的でした。

長い文章をまるで何かがのりうつったかのように、やえもんが「ぷっすんぷっすん」と怒っている場面や、「しゃっ　しゃっ　しゃっ」と走っている場面を読み進み、たんぼの火事を起こしてしまって、お百姓さんに追いかけられるページでは、さすがに息を切らして、「また、あしたのおたのしみ」と本を閉じたのです。

しょうくんが思わず手を叩くと、たいちゃんは実にうれしそうに、にっこりしました。

そのことを担任に話して、後半の続きはクラスで読んでもらうと、たいちゃんもほっとした表情を見せて、喜んで絵本を家に持ち帰ったといいます。

絶対の信頼を寄せるお兄ちゃんの絵本を園で読み、クラスで友だちと絵本の楽しさを共有できたことは、たいちゃんの大きな励みになったようです。ままごとに入って女の子と遊んだり、家からダンボールを持ってきて車を作ったりと、たいちゃんの行動範囲が広がっていきました。

時折、絵本のへやへ来ては、魚図鑑をたっぷりと楽しみながら、『きかんしゃトーマス』『ブルーとれいん』などを手にしているたいちゃんが、しょうくんと頭をつき合わせて会話する様子に、子どもの成長が感じ取れました。

年長になったたいちゃんが愛読した本は、**『いたずらきかんしゃちゅうちゅう』**（バージニア・リー・バートン文・絵　むらおかはなこ訳／福音館書店）でした。家にもあるのに七回も借りていきました。これもお兄ちゃんに読んでもらった絵本です。

迫力あふれる躍動感に満ちた物語ですが、セピア色の地味な色づかいなので、幼児が自分からはあまり手にしない、外国絵本の古典といわれる名作です。だいすきな兄への憧れとも見えるたいちゃんのこだわりが、ひしひしと伝わってくる思いがしました。

そんなたいちゃんが友だちへの関心度の高まりとともに、園生活への愛着が出てきていると察することができる、『**どろんこようちえん**』（長崎源之助作　梅田俊作絵／童心社）を読みだした時は、もう年長組の終わりの頃でした。

幼い子どもたちの絵本体験は、身近な信頼する大人の「愛情」というオブラートにくるまれて読みがたり、手渡した絵本がどのくらいあるかが大きく影響するのだと、改めて初心に返って考えさせられた、たいちゃんの姿でした。

せんそうって　ゆきで　まっしろになること？

『ぼくの村にサーカスがきた』
（小林豊作・絵／ポプラ社）

五月の朝、幼稚園の門で、いつものように子どもたちを迎えていた時のことです。「おはようございます」の挨拶の後に、たつくんのお母さんがこんなふうにいうのです。

寝しなに息子と絵本を読んでいたら、

「ねえ、おかあさん、きょう、ようちえんで『**ぼくの村にサーカスがきた**』ってほん、よんでもらったんだよ。それでね、わかんないんだけど、ねえ、せんそうって、ゆきでまっしろになっちゃうこと？」

と、とても真剣に聞いたとのこと。絵本の中身を知らないお母さんは、たつくんの

あまりにも真剣なまなざしに胸がいっぱいになり、

「戦争ってね、人と人とが銃で撃ったりして傷つけ合い、殺し合ったりすることなんだよ」と答えると、

「そうか、じゃあ、せんそうしたらみんないなくなっちゃうの？」

と、たつくんは悲しい目をしたそうです。たじろぎそうになったお母さんは、

「そうだね、ケガしたり、死んだりしてね」

と、現実から目をそらさないように願って、はっきりと言いきったそうです。

「じゃあ、おとうさんも？　おかあさんも？」

と、なおもたつくんの質問が続いて、

「そうだよ、だから戦争って絶対にしてはいけないの」

というお母さんの言葉に、たつくんは「うん」と深くうなづいたのだそうです。

その会話の一部始終を聞きながら、私はハッとして後悔の気持ちでいっぱいになりました。そういえば、年長組への読みがたりに行った時、三八名の子どもたちの真ん中で食い入るように絵本を見つめ、まばたきもせずに聞き入るたつくんの姿は、絵本

の世界に入り込んで、何かを真剣に手探りしている様子があって、心に残っていたのです。

たつくんは、年少の終わり頃の転入生でまだ園生活も日が浅く、絵本のへやで静かに一人で絵本を読んでいることの多い男の子でした。自分から友だちにアプローチするでなく、担任の誘いにも乗り気でなく、周りの動きや遊びを傍観してゆうゆうと（?）と一日を過ごしているというふうです。家庭では中一、小四のお姉さんがいて、末っ子の良さで家族に大事にされて育ったようです。

たつくんのお母さんは、その時、突然のむずかしい質問に戸惑いながらも、五歳でも、大人としてキチンと向き合って答えなければと思ったそうです。

その絵本は作者の小林豊さんがたびたび訪れた、戦禍がやむことのない中東・アジアの社会情勢をつぶさにとらえて、その中で翻弄《ほんろう》されるアフガニスタンのバグマン村という小さな村の子どもたちの暮らしぶりを、友情を軸にして、戦争の無意味さを伝えている作品でした。

主人公のヤモは兄さんが、友だちのミラドーは父さんが、ともに戦場に行っていて帰ってきません。

でも、そんな村にも秋になると、サーカスがやって来るのです。子どもも大人も楽しみに待っています。

笛の得意なミラドーは、父さんの置いていった笛を手放さずいつも吹いています。サーカスを見に行った夜、サーカスの歌姫の歌に合わせてその笛を吹いたことから、ミラドーはサーカスに入り、一座といっしょに村を離れることになります。

抱き合って別れを惜しむヤモとミラドーの小さな二人の姿は秋の黄色を背景にして凝縮され、一服の絵のようで、いっそう悲しみがつのります。そして物語は、村に初雪が舞い、来年は豊作と喜ぶ子どもたちの姿を描いて終わります。

「この　としの　ふゆ、村は　せんそうで、はかいされました」という文章とともに。

たつくんの心は、この破壊という言葉のもつ重さを本能的に嗅《か》ぎわけて、釘づけになり、ただ降り続く白い雪の物悲しさに、何かを感じとったに違いありません。

たつくんの家では、その後、家族全員で『ぼくの村にサーカスがきた』と、同じ小林豊さんの**『せかいいちうつくしいぼくの村』**（小林豊作・絵／ポプラ社）を読み合い、戦争について、たつくんがわかるように、語り合ったそうです。上のお姉さん二人とお母さんはさらに、**『なぜ戦争はおわらないのか』**（小林豊著／ポプラ社）をもとに、話し合いが深まったといいます。

幼児でも、絵本の中に込められたメッセージをしっかりと受け止め、「なぜ？」という疑問をもちます。まだ知らない世界の出来事を恐れの気持ちとともに知りたいと思うのです。その気持ちの変化に、身近にいる大人がしっかり向き合うことの大切さを改めて感じさせられ、あの時、たつくんの疑問を聞き漏らしてしまったわが身の不明を恥じたものでした。

Ⅱ 夏のころ——絵本とのかかわり、広がるふれ合い

「まねっこよみ」ってすごいね！

『かえるのあまがさ』
（与田準一作　那須良輔絵／童心社）

「おいけの　あめふり　ぴちぱたぽん。はたけの　あめふり　ぴちぱたぽん。かえるが　おみせを　だしたとさ」

絵本のへやで、四歳のさきちゃんがゆっくりと歌うように『**かえるのあまがさ**』を読んでいます。そのそばには、二、三人の年長組のなかよしグループが『**14ひきのひっこし**』（いわむらかずお作／童心社）を手に手に声を合わせて、同じページを確かめながら、読み合って楽しそうに笑い合っています。

絵本のへやに毎年現れる「なかよし読みごっこ」の、今年の一番手組のメンバーです。その内のリーダー格、しょうこちゃんが、一人で歌うように読むさきちゃんに気づいて、そばに寄っていくと、何か尋ねてからびっくりしたように言いました。

「すごい、このこ、じ、しらないのに、えほんよめるんだよ！」

と、いっしょに「なかよし読み」をしていたほかの二人に伝えると、みながさきちゃんのそばに行き、さきちゃんの読んでいる様子を見て、

「ほんと、ぜんぶおぼえてるんだ。四さいなのにどうして？」

と不思議がり、感嘆しきりです。さきちゃんはお姉さんたちの驚きをよそに、

「かえるが　あまがさ　さすもんか、いやいや　あめふり、あまがささ」

と、一字一句まちがえずに最後まで読み終えると、うれしそうに一人にんまり。何とも幸せそうな顔です。

しょうこちゃんはさっき、絵本の中の一文字をさきちゃんに聞いたらしく、「しらないもん」の返事に驚き、二人に報告し、「ね、すごいでしょ！」と相づちを求めたのでした。

たしかにさきちゃんは、絵本サークルのお母さんが読みがたり当番の時、『かえる

のあまがさ』を母親の膝下で、そっくりそのままそらんじて、いっしょにハモッて（？）みせてくれました。体を左右に揺らしながら、素適な音読の二重奏のようでした。

童話作家・詩人の与田準一の文章は、選び抜かれたことばの繰りかえしの心地よさと、弾《はず》むようなリズミカルな擬音のおもしろさが加味されて、詩のような滑らかさです。柔らかな色づかいが、雨降る川べりの情景と、蛙やたにし、どじょうなどを表情豊かにしっとりと描いていて、詩情を感じさせる作品です。

さきちゃんのお母さんもお気に入りで、家庭で何回も読みがたったそうです。「まねっこよみなんだ！」と、わたしの話を聞いて、しょうこちゃんたちは納得したように命名しました。

ひろくんの場合は、自分のだいすきな『**めっきらもっきらどーんどん**』（長谷川摂子作　ふりやなな画／福音館書店）を何回もせがんで読みがたってもらううちに、すっかり全文マスターしたといいます。とくに、

「ちんぷく　まんぷく　あっぺらこの　きんぴらこ　じょんがら　ぴこたこ　めっきらもっきら　どーんどん」

が口ぐせでした。

母親や保育者に読んでもらう絵本に耳からなじんで、部分的に遊びや日常生活に使われることはよくありますが、「まねっこ読み」もそんな一つと言えます。

昔から、ことばには言魂《ことだま》が宿ると言われていますが、幼児期の研ぎ澄まされた耳に、母のやわらかな「息きかせ」は、ことばの海を泳いでいるような感覚を呼びさまし、染み込んでいくように思います。歌人の俵万智さんが、「本を読んだつもりごっこ」という遊びをとても気にいって楽しんだこと、そしてそれはお母さんの声のスキンシップをたっぷり味わったおかげと、回想しています。

幼児の文字やことばに対する興味関心は、旺盛な遊び感覚とともに、身近にいる大人の愛情込めた音声言語があって、さらにふくらんでいくようです。優れた作品を耳からの体験として、どの子にもいっぱいもたせてやりたいものです。

イチゴ、アマイ、アカイ！

『いちご』

（平山和子作／福音館書店）


絵本のへやに入ってきたジエシカちゃんは、ニコニコしてとてもうれしそうです。

「イチゴ、アマイ、アカイ、オイシイ！」

と言いながら、「コレヨ！」と、科学絵本コーナーから取り出した絵本は『いちご』。

ジエシカちゃんは、二か月前にスペインからお父さんの仕事の関係で日本に来て、年長組に転入した女の子です。両親ともに、スペイン人でまったく日本のことばは知りませんでした。手振り身振りで意思表示する明るい性格で、これしたい、あれ欲しいの要求を、大きな目で相手の顔をのぞき込むように伝えようとします。

幼児のコミュニケーション能力は、まさに以心伝心の世界と改めて思い知りました。

ことば以前のボディーランゲージによる意思の疎通は万国共通なのです。遊びに入りたければ、受け入れ側の子がニコッと笑ってくれることでＯＫのサインです。困る時、嫌な時は身振りで、手が断っています。ジエシカちゃんは少しがっかりする表情でしたが、ダメの意味を感じて大きいトラブルは起きませんでした。

そんな生活の中で、ジエシカちゃんは徐々に日本語をマスターしていきます。

まず覚えたことばは「オハヨウ」「イレテ」「ダメ」「サヨナラ」など、毎日使う日常用語でした。絵本への興味も旺盛で、絵本のへやへ来て、「ヨンデ」と絵本を持ち寄ってきました。

とくにお気に入りが『**あおくんときいろちゃん**』（レオ・レオーニ作　藤田圭雄訳／至光社）です。「あおくん」と読むと、「アオクン」と必ず復唱します。「おともだちがたくさん」と言うと、「オトモダチガタクサン」という具合です。長い文章になると語尾のところを繰りかえしました。まるで絵を見て、ことばと符合させている感じです。

「ひらいた、ひらいた、なんのはな、ひらいた」のページでは、節をつけて読むと大喜びでした。あおくんときいろちゃんがまちかどで会って、うれしくてうれしくて、とうとう緑になったくだりになると、「ミックス、ミックス」と混色を理解しました。

作者のレオーニが孫たちにせがまれて、手近な紙に色つけしながら、お話を創り出したというこの作品の魅力は、国境を越えた、色遊びのおもしろさに由来しているようです。

青と黄色の混じり合いで生まれる緑が、人びとの心の融和の証しと読み手に感じとれるのも、子どもへのあふれんばかりの愛情が作品に流れていて、人びとの気持を魅了するからでしょう。

六月に入り、畑のいちごが色づきだすと、ジエシカちゃんは畑当番の順番を気にするようになり、とうとうその収穫の日、満面の笑みでいちごをほおばるジエシカちゃんの口から思わず出たことばが、「イチゴ、アマイ、アカイ!」です。

同じグループのあかりちゃんが、「ジエシカちゃん、赤いいちごは甘いのよ」と教えていました。

その日以来、ジエシカちゃんは科学絵本コーナーで『いちご』の絵本を手にしては、一人でいちごの成長過程を何回となく、見入るようになっていたのです。親切に気にかけてくれるあかりちゃんとは、時どき連れ立っておしゃべりする姿も見られるようになり、園の生活のリズムに乗って、クラスの一員として、打ち解けていく様子に担任ともども、ほっと胸をなでおろしたものです。

卒園の日、ジエシカちゃんは式の中で、

「オオキクナッタラ、ヨウチエンノセンセイニ　ナリタイデス」

と、大きな声ではっきりとした日本語で言いながら、修了証書を受け取って園生活を終えました。

母国から一転、異国の生活で使わざるを得なかった新しいことばの必要感が、絵本という素適な文化財を駆使して、乾いた大地に染みる水のように日本語を体得していったジエシカちゃん、その生きる力に感服し、これからますます日本の良さも吸収していくであろう彼女に、応援の拍手です。

すげえ、ぜんぶなまえがあるぞ

『かまきりのちょん』

（得田之久作・絵／福音館書店）


子どもたちが去った放課後の園の庭で、ブランコに乗っている男の子がいます。ゆらゆらとブランコの揺れに身をまかせながら、今を盛りの砂場の上の藤の花をながめている姿に気づき、近づいて行ってみると、卒園して行ったなおくんでした。

「すなばのうえには、こんなにふじがさいていたんだー」とぽつり。

二年間暮らした園の庭の藤棚の花を小学一年生になってから、つまり、卒園してからはじめて気がついた様子でした。

そういえば、なおくんは虫をさがすのが好きで、だんご虫、いも虫、かまきり、はさみ虫と、裏庭を中心にせっせと木枝の間や畑の溝、堆肥《たいひ》の山などにもぐり込んでは虫さがしをしていた男の子でした。取った虫をカゴに入れては、なかよしのだいごくんと絵本のへやに来て、虫図鑑を盛んに調べていました。

絵本の貸し出しももっぱら虫図鑑で、母親が嘆いて、絵本も借りてほしいと書いてくる始末。明けても暮れても（？）虫、むし、ムシの毎日だったのです。

外へ虫さがしにも行けないほどの、激しい雨降りの六月のある日のこと。絵本のへやをのぞいて見ると、だいごくんとなおくんが熱心に絵本を読み合っている光景に出会ったのでした。

集中を損なわないように良く見ると、だいごくんと声をそろえて「いっしょ読み」をしていました。その絵本は、『かまきりのちょん』。昆虫学会会員でもある作者が、正確で精密、かつわかりやすい絵で、身近な虫たちの暮らしぶりを物語ふうに楽しく描いて定評のあるものです。「ちょん」という愛らしい名前のかまきりが、朝起き出して、餌とりする様子などの生態を克明に、しかも淡々とリアルに描写しています。

二人は目を輝かせて、顔を見合わせて楽しそうでした。かまきりが動いていく背景にはつゆ草、つるりんどう、かなむぐら、へらおおばこ、かたばみ、えのころ草と、野の草花が描かれていて、あたかも野原をいっしょに歩いている感じです。「ちょん」と一体となって、かまきりの動きをなぞったり、それはそれは楽しそうな「なかよし読み」でした。

かまきりにこだわったこの二人が、次に見つけてきた絵本は『**かまきりっこ**』（近藤薫美子作／アリス館）でした。おびただしい数のかまきりが、びっしりと書かれた本の見返しに、思わず喚声をあげて、「すげえ、ぜんぶなまえがあるぞー」と、顔を見合わせました。

二一九匹のかまきりを指で数え合い、「あっ、ここにいた！」と興奮状態。やもりに食べられるもの、池の水におぼれているもの、かたつむりのごちそうを食べているものと、実にさまざまな展開です。大人では気が遠くなりそうな細かな絵を、虫めがねのような目で観察し、見とどけるなおくんたちの読みとりでした。

生まれ出たかまきりっこの、生き残りをかけた弱肉強食の世界での姿、次つぎと襲いかかる試練を乗り越えていくたびに、「なっ、すげえよな！」と、二人であいづちをかわします。ついに女王かまきりが、雄かまきりを食いちぎる場面では、さすがに息をのみ、絶句の二人でした。

なおくんが図鑑から虫の絵本へと興味関心をつなげ、自然物に対する知的好奇心を満たしていく過程と、寄り添う友が育っていく様子が絵本のへやで続いていて、ほほえましく眺めていたのですが、卒園して改めて、その目線がいかに地面向き（?）であったのかを思い知ったのが、藤棚に藤の花が咲く光景を記憶していなかったとつぶやいた時の、なおくんのひと言です。

幼児期の本と実物の認識の差とでもいいましょうか。絵本のへやの道案内人の私としたことがと、ジダンダふんで悔やんだエピソードです。

お花の絵本もいっぱいあったのに……。

へえ、おおきくなったんだねえ!

『へえーすごいんだねー』
（きたやまようこ作・絵／偕成社）

《私が夕食のしたくをしていました。トマトを切っていると、そばでゆうくんが「トマトもあかいし、リンゴもあかい」と勝手な節で歌っているし、少し離れた居間では兄のなおくんが、「はらっぱにあつまった　よにんのおにのこ　とってもなかよし……」と口ずさんでいます。すっかり、おにのこあかたろうに溶け込んだわが家の光景です。私は思います。「へえー、おおきくなったんだなーっ」と。》

これは絵本のへやで活躍した、絵本サークルのあるお母さんの通信欄の一コマです。

年子の元気な兄弟を連れて、いっときもじっとしていなかった二人につき合って、根気よく、読みがたりに参加して二年間、下のお子さんもあと一年と楽しみにしていた矢先、急な引っ越しでさよならをした親子の記録でもあります。

『へえーすごいんだねー』の絵本は、ケンカばかりの兄弟がはじめていっしょに気に入って、なかよく母親の読みがたりを楽しんだ、貴重な記念すべき一冊として、生活の中にも息づいている様子がよくわかります。

自己主張の激しいなおくんは、クラスのなかまともぶつかりあいが多く、一人で強がっている傾向がありました。お母さんはそんななおくんのことを考えて、絵本をいっぱい読んでやりながら、やさしい気持ちの育ちにつながるようにとの願いで、サークルに入ったといいます。

その願いと裏腹に、年少の一年間は、なかなか絵本に興味が向かず、読み手の声を背中で聞くような、参加の仕方でした。

ところが、年長になった五月のある日、母親が手作りの軍手人形・あかたろうを使った人形劇を、誕生会で演じてくれたことを境に、なおくんの態度が一変しました。

一番前に陣取って、食い入るように読みがたりに参加して、一字一句聞き逃すまいというかぶりつきの様相です。とくに自分の母親の時は、文章をすっかりマスターしていて、いっしょに読むほどです。

なかでも得意は『**きょだいなきょだいな**』（長谷川摂子作　降矢なな絵／福音館書店）です。底抜けに、めちゃくちゃにという作者の意図を知ってか知らずか、なおくんの声音はすっとんきょうで、それでいてお囃子《はやし》のような、なんとも不思議な節回しでした。

「あったとさーぁあったとさーぁ」という解放感にあふれた言い回しは、周りの子も巻き込んで、しばしはやり歌のように絵本のへやからクラスへとひろがったものです。

全ページに出てくる狐の存在に、一番に気がついたのもなおくん。不思議なもので、笑い合って声を出し合っていると、それだけで仲間意識が生まれるのが、幼児の特性のようです。

絵本のへやでなおくんが意気投合した友だちも増えて、激しいトラブルは少なくなりました。

もちろん〈あかたろうシリーズ〉は大のお気に入りで、母親の作った指人形を持ち込んでなかまと遊んでいるうちに、あかたろう、みどりおにのみどりちゃん、あおおにのあおおくん、きいろおにのきいちゃんと、役別に台詞をやりとりして楽しみ、クラスの劇遊びにつながっていきました。なおくんは皆をリードしつつ、すっかりクラスで自分を発揮していたのです。

多分、内心では、あまりに絵本の読みがたりに集中しないわが息子に、堪忍袋の緒が切れそうなときもあったであろうお母さん、その母の息の長い根気の勝利と思わずにはいられない、冒頭のうれしい一文と重なる姿でした。

こうして見ると、絵本のへやは、母も子もともに育ち合う素適な空間と、改めて実感させられます。ゆったりと時間をかけて待てる、心育ての居場所として、大事にしたいへやです。

なおくんはその後、小学校へ行っても本好きで、とくに民話をよく読んでいるという、うれしい後日報告ももらっています。

あめふりもわるくないもんだ

『ちいさなきいろいかさ』

（にしまきかやこ絵　もりひさし作／金の星社）


毎日、雨の降りつづく六月の下旬です。

〈あめがふったらポンポロリン、あめがふったらピッチャンチャン、あめのふるひもわるくない〉

と、大きい声を張り上げ、スヌーピーの絵柄の傘を振り回して、園の庭をかっ歩していたけんちゃんが、しょうちゃん、ゆりちゃん、みほちゃんのなかよし三人組の仕立てた傘のお家に近づいていきました。

しょうちゃんたちは雨が降ると、庭の雲梯《うんてい》に傘をのせて屋根にして遊んでいます。

そして絵本のへやにもよく連れ立って来ていて、お気に入りの絵本を「なかよし読み」

するグループでした。

その中の一冊が『ちいさなきいろいかさ』でした。とくに梅雨入りして、外がジメジメしだしたころから、傘をさす機会が増えたせいか、三人で交替で読みっこをしていました。とりわけみほちゃんは、妹の名前が主人公のなっちゃんと同じという点がよいらしく、「これ、わたしのいもうと」とご満悦です。

なっちゃんの黄色い傘が自由自在に大きくなって、次つぎに入ってくる動物に合わせて広がっていく展開と、雨の降る様子で変わる擬音に、にこにこ顔の三人組でした。〈ぽちん　ぽち　ぽち〉の雨の降りだしから、〈さっ　さっささささ〉の雨加減、〈ざあざあざざざざ〉のおおぶり雨と、徐々に雨足が変化していく表現が楽しめます。

空想をふくらませた三人は、ついに園庭に繰り出して、歩き回り、手ごろな傘のつなぎ場所を見つけて、半円の雲梯に三つの傘を置き、大きい傘にみたてたようです。〈かさがおおきくなったたね〉と喜びあい、知らせにきました。

そんなことがあってから、ほかの女の子たちも、入れかわり立ちかわり、傘のお家ごっこを始めて、楽しむ姿が増えました。そんなしょうちゃんたちにすすめた絵本は、

『あめこんこん』（松谷みよ子文　武田美穂絵／講談社）です。

こちらの主人公モモちゃんの傘は真っ赤です。赤い靴を買ってもらったうれしさで、雨でもないのに外に繰り出したモモちゃんのとなえ歌（？）が多いに気に入って、〈あめこんこんふってるもん　うそっこだけど　ふってるもん　あめふりごっこするもん　よっといで〉と、三人でハモって歌い出す始末でした。

しかし男の子たちはどちらかといえば、晴れて外で思いっきりかけ回りたいのが本音のようで、降り止まぬ雨をうらめしげにながめては、もてあましたようにブツブツ文句を言っていたのがけんちゃんです。

「あめはざーざーうるせえし、にわはどろどろきたねえしー。スクーターにはのれねえし」と、ぼやくのです。

その言葉づかいがおかしくって、周りのなかまが笑うと、

「わらいごとじゃねえよー。みんなでてるてるぼうずでもつくりてえ」

と、大まじめでいうけんちゃんでした。

そこで担任に読むようにすすめてみたのが、『おじさんのかさ』（佐野洋子作・絵／講談社）です。学校の推薦図書にもなっている作品ですが、雨の表現が詩的で、おじさんの傘への愛着と子どもたちのかかわりがさわやかな絵本です。

案の定、クラスでの読みがたりの後、リズミカルな雨音が耳に心地よかったか、けんちゃんと三、四人が、〈あめがふったらポンポロリン　あめがふったらピッチャンチャン〉と、つぶやく姿がありました。

しょうちゃんグループが傘遊びをしている情報が伝わっていったころ、『おじさんのかさ』のおじさんのように、おもむろに傘をさして、「せんせい、ほんとうにポンポロリンっておとがするぜ」と声かけしてきて、「ポンポロリンのおうちでもみてくるか」と言い残して、園庭に勢いよくかけ出すようになったのです。

その後、雨の音の言い表し方のことばをさがして、大雨には「ジャジャジャジャジャー、バンバラーン、ボンポロローン」などを考え出したのもしょうちゃん。

「あめふりもわるくないもんだー」と、梅雨時を過ごした年長組のエピソードです。

やっぱりおかあさんどりにかえそうよ

『こすずめのぼうけん』
（エインワース作　ほりうちせいいち絵
いしいももこ訳／福音館書店）

梅雨時は、木も草も生き物すべてが繁殖の季節です。雨の好きな小動物がイキイキと動きまわり、幼稚園の庭にもでんでん虫や青虫が増え、子どもたちの絶好の遊びなかまとして、クラス中がさがしまわる時期です。

園の軒下では、つばめやすずめが卵を抱き、子育ての真っ最中。豊富な餌をせっせとひなに運ぶ母鳥に興味をもって見入り、エールを贈る子どもたちもいます。

そんな六月のある日、じゅんくんがアパートの階段下に落下していたこすずめを、クラスで飼いたいと園にもってきました。母親が野生の鳥は飼えないものだと、ずいぶん説得したようでしたが、虫博士、鳥博士を自他ともに認めるほどのじゅんくんのこと、がんとして「そだてたい」と、ゆずらなかったそうです。

早速、みみずさがしが始まり、じゅんくんを中心に、こうちゃん、しんくんと、日ごろの虫だいすきなかまが結束して、バックアップの態勢です。

女の子たちは、絵本のへやに集まり、野鳥図鑑を見ては、「にんげんのたべるものはなんでもたべるって」などと、情報を伝えあっています。小さい声で、時折ちゅんちゅんと泣くこすずめを囲んで、何重にも輪が出来て、年長ほし組は一羽のこすずめでもちきりでした。

しかし、少しの水を飲んだきりで、いっこうに食べ物を受け付けず元気をなくしていくこすずめに、じゅんくんの顔にあせりが出てきたお昼前、絵本のへやにクラスの皆を集めた担任が**『こすずめのぼうけん』**を読みがたりしたのです。

親鳥のいいつけを聞かずに、遠くまで初飛行してしまったこすずめが、からす、鳩、鴨、ふくろうの巣で次つぎと休むことを断られ、疲れ果てていく様子に、固唾《かたず》を飲んで集中する子どもたち。外はあいにくの雨、ちょっぴりしょげて聞いている感じのじゅんくんが、〈あたりはくらくなりはじめ、ちいさいすずめはもうとぶこともできませんでした〉のくだりで、「ふー」と肩で大きく息を吐きました。

そしてさがしまわっていた親鳥と、疲れ果てたこすずめが夕闇の中で再会するクライマックスでは、「ちゅん、ちゅん！」と、思わず叫んだけいこちゃんを見ながら、にっこりと、それはそれはうれしそうな笑顔でした。

読みがたりの後、何にも言わずに、子どもたちの気持ちの余韻を受けとめて昼食にした担任のところへ、給食を食べ終わったじゅんくんがそっと来て言ったそうです。

「やっぱりおかあさんどりにかえすよ」

その後日談、じゅんくんの母親の報告です。

アパートのベランダに、古い靴を巣代わりにしてこすずめを入れて置いたところ、親すずめとなかまのすずめとおぼしき三羽のすずめが餌を運んできてはこすずめに与え、飛び立つことを促すしぐさを繰りかえしたそうです。水だけをそばに置き、見守るうちに、次の日、近くに置いてあった朝顔の行灯《あんどん》状の支柱に、少しずつ登ったこすずめは、飛び立って行ったといいます。鳥かごにしないで、いつでも飛び立てるような環境が効を奏したのでしょう。

鳥好きのじゅんくんのお母さんらしい、見事な心配りです。

自慢そうにその様子を園でも語ったじゅんくんは、絵本サークルのメンバーでもあった母親といっしょに、ベランダで目にした一部始終を絵本に仕立て、世界に一冊しかない作品を作り上げました。

この感動を大切にして、夏期保育の時までに、『こすずめのぼうけん』をパネルシアターにして、木の下の緑陰を生かして、実演を楽しみました。期せずして、「ほんもののこすずめみたい」と声が上がり、喜びを共有したものです。

絵本のへやの絵本貸し出しでは、『こすずめのぼうけん』がひっぱりだこで、五冊を増やして、子どもの気持ちに応えました。

実体験と絵本体験がピタリとマッチして、一人ひとりの子どもたちとともに自然と向き合う、貴重なひとときがもてた体験でした。

こんくらいふかい穴、おれもほりてえ！

『あなはほるものおっこちるとこ』
（クラウス文　センダック絵
わたなべしげお訳／岩波書店）

「もっと、もっとだよ、おっこちるくらいだよ」

と、大声で激励しているのはしゅんちゃん。したたる汗をぬぐおうともせずに穴を掘っているのはだれか？　と目を凝らして見てみると、なんとしゅんちゃんパパです。

七月はじめの梅雨明け前の、幼稚園の砂場での光景でした。

土曜日とあって、パパサークルの活動日です。七、八人のパパたちが、園庭で子どもたちの遊びの輪の中に溶け込んで動いていて、砂場にも二人のパパが砂遊びのなかまに入っていたのです。

どんどん深くなる穴を見ながら、「あなはほるもの、おっこちるとこ」と、節をつけて歌うしゅんちゃんに、パパも苦笑い。

「おい、あとはじぶんでほれ！」

と、しかられています。

「こんどはおとしあな」と言いながら、めざとく私を見つけたしゅんくんは「たけ、ちょうだい」と、おねだりです。

昨日、伸びた若竹を剪定《せんてい》して束ねていたことをしっかりと見ていたことに感心しながら、どうするかを確かめると、

「ないしょだよ、でもおもしろいことするの」

と、にこにこと意味深の笑いでした。

ところがしゅんちゃんは、笹をのせて作った会心（?）の落とし穴に、自分でまずおっこちてから、「おっころりんの　しゃーんしゃん！」と言うのです。

『あなはほるものおっこちるとこ―ちいちゃいこどもたちのせつめい』の一場面、一場面を、あたかも再現しているようなしゅんちゃんの言動に、生活と結びつく絵本の

すごさを実感しました。

少し観念的かなと受け止めていたこの絵本が、センダックが描く、伸びやかで底抜けに明るい子どもの遊び百態を、こんなにも印象づけていたのか、という思いです。絵本のへやで何度かこの絵本を手にしていたしゅんちゃんの思いが、つくづく伝わった一コマでした。


さんざん遊んだ砂場から引き上げたしゅんちゃんたちが、絵本のへやに一息入れに来たのを見はからって、さり気なく読んだ絵本は、『**あな**』(谷川俊太郎作　和田誠画／福音館書店) でした。

「しゅんたろうか。おれとおなじなまえだー」

と言いながら、なかよしのゆうくんと、夢中で真顔になって聞き入り、

「いいなー、こんくらいふかいのおれもほりてえ！」

とつぶやき、満足気でした。体がすっぽり入る穴を真ん中に、地面の上と下を、空の青さと地中の茶色を対比させて描いた画面で、自分の居場所を掘り当てた主人公の

気持ちに立って、淡々と語る地味な展開の作品なのに、子どもの気持ちをつかんで放しません。詩人・谷川俊太郎の洗練された一つひとつの言葉が子どもをひきつけるのでしょうか。何度読んでも、新鮮な絵本です。

そのうちに、パパサークルのメンバーも絵本のへやに入ってきたので、つい読み手をお願いして読んでもらったのが、『**すなばのだいぼうけん**』（いとうひろし作・絵／ポプラ社）です。聞いているのは男の子たち五、六人。男親の力強い声で、砂場遊びたっぷりの後の男同士、何ともいい読みがたり会でした。

物語は砂場が砂漠にもなり、山にもなり、もぐらの棲《す》むトンネルにもなる、水をまけば雨が降り、カミナリにも変身……と、自由自在な変化ぶりがどんどん発展していって、大冒険を満喫するというものです。

読みすすむうちに、読み手の父親と聞き手の男の子たちの、いたずらっ子のような表情が、同じ絵本の世界を旅している共有感をかもし出して、とても楽しげでした。この梅雨晴れ間の一連の体験は、いつまでも子どもたちの心の原風景として刻まれるのではと思える、ほほえましいひとときでした。

わたしの「にじのらいおん」

『くまのコールテンくん』

（ドン・フリーマン作　まつおかきょうこ訳／偕成社）


もえちゃんは、年長組になってからの転入生でした。

入ったのはにじ組さん。この組は、園の増築で増えたクラスなので、どの子もはじめて同士なのですが、もえちゃんは引っ越しをしてきたばかりで、お家に帰ってもまだ落ち着かない状態だったようで、よーく泣きました。背丈は大きいので、色白のやさしい顔でめそめそしていると、どこか痛いところでもあるのかと、心配になるほどです。

お母さんが「三人姉弟の一番上で、しっかりして欲しいお姉ちゃんなのに！」と、まだ赤ん坊の下の弟を背に嘆いてみても、もえちゃんはますますぐずるばかり、甘えたい気持ちのやり場をもてあましているサイン？　と、最初は思いました。

はじめて同士で混沌としているクラスより、絵本の部屋にいることの多いもえちゃんが、まず気に入った絵本が『**くまのコールテンくん**』でした。

六月の梅雨の間中、まるで愛玩のぬいぐるみを抱くように、いとおしそうに絵本を持ち、何回となく開くのでした。貸し出しの時も、家庭で読んでもらうと、「ようちえんにかえしたくない」という愛着ぶりで、とうとう買い与えたとのことです。

絵本の中の熊のコールテンくんは、絵本から飛び出してきて、もえちゃんの心の支えとなって、もえちゃんを後押ししているのでしょう。その後、少しずつ友だちへも関心を持ち出して、クラスの中へ入っていくようになりました。

一学期も終わりのころ、もえちゃんは絵本のへやで、林明子の一連の赤ちゃん絵本を手にしては、一人にんまりとしています。とくに『**きゅっきゅっきゅっ**』（林明子作／福音館書店）は、お家で「いもうとにもえちゃんがよんでやったの」と得意気で、声を出して読み、楽しそうでした。

二学期になり、『いっしょにいっしょに』（鈴木みゆき文　長野博一絵／金の星社）も大のお気に入りで、貸し出しの日の夜は、抱いて寝たとの報告に、ハッとさせられました。この絵本は、妊娠中の母親と、そのお腹の中の胎児を柔らかな色調で描いた斬新な構成で、小さい子どもはどう受け止めるか、大人の意見の分かれる作品でしたから。

心もとないと、すぐ涙ぐむもえちゃんならではの、絵本への愛着ぶりですが、この絵本はたしかに、母親の一挙一動に反応する胎児の描写に、母親の懐にいるような安《あん》堵《ど》感《かん》を与える力がありそうです。

このことがヒントになって、まだ皆でまとまって絵本を聞けないと嘆いていた年少クラスに、この本『いっしょにいっしょに』を読みがたってみました。すると、てんでに遊んでいて、集まりさえなかなかだった子どもたちが、実にしーんと集中し出して、どの子も真剣そのもの。「うん！」とうなずく胎児とともに、コクンといっしょに動作し、最後に「もういっかい！」のアンコールで、胸が熱くなった実践もできました。

もえちゃんの泣き虫は、その後もなかなか治りませんでしたが、感じやすい、傷つきやすい柔らかな感性を大切にして、泣くことも内なる心の表現の一つと受け止めていいのではと、母親と話し合ったものです。

アンデルセンの『**あかいくつ**』（各社）や、ラモリスの『**あかいふうせん**』（きしだえりこ文　いわさきちひろ絵／偕成社）を愛読したもえちゃんは、美しい絵本にはとくに関心を持ち、独自の色づかいでよく絵を描いては、もってきて見せてくれました。もちろんその時は、にこにことびっきりのよい笑顔でした。

卒園間近に、もえちゃんは「わたしのにじのらいおん」というお話を描いてきました。雨の中で泣いているうさぎのところに、「いっしょにあそぼう」と言うライオンが現れて、楽しく遊ぶと雨があがり、ライオンが空に飛んでいき、虹の精になるという筋だてです。

最後のページの、楽しげなパーティーでは、うさぎはお姫さまに変身し、まるでもえちゃん自身を表すかのように輝いていました。母親もわが子の成長をとても喜んでいっしょに手作りし、素適な卒園記念絵本に仕上がりました。

ママがねー、ほんよんでくれたの

『まいご』
（吉田遠志絵・文／ベネッセ）

まさくんは年少時から、たえず周りを気にしては自分のことよりも友だちの動きを気遣い、使っていたおもちゃでも、友だちが欲しがればゆずったり、わが思い中心の子どもたちの中では、自分の気持ちを押さえる子どもでした。年子の妹と弟がいるので、お母さんはまさくんを、お兄ちゃんとして頼りにしています。

幼稚園にいる間も、先生の声かけに答えようと、いつも気を張っていて、とても前向きでした。

「がんばってね、おにいちゃん」と門で送るお母さんの激励に、緊張した面持ちのまさくんが遊びに集中できず、ポツンとしていたりする姿が少し気になっていたのです。

それが、絵本の読みがたりの時だけは、まさくんは別人のようでした。人一倍大きい体でいちばん前に陣取り、かぶりつきの状態で聞き入ります。後ろの子の、「まさくん、みえないよー」の声もなんのその、いかにも子どもらしい表情で絵本の世界に没入でした。

そんなまさくんが六月のある日、絵本のへやでとつとつと拾い読みしていたのが、**『まいご』**です。

東アフリカの壮大な自然の中で繰り広げられる、野生動物たちの食うか食われるかの、厳しい共生の世界を描いたシリーズ作品の二作目で、食糧をさがし求めるヌーの群れの赤ちゃん連れの母子にふりかかる災難を描いた、スケールの大きい物語です。

「拾い読み」では、物語の展開のテンポといい、パノラマ風の絵の迫力と魅力を味わうことはむずしいと思って、「よもうか?」と声をかけてみたのです。すると、言いわけするようにまさくんは、

「おかあさんはいそがしいから、ぼくひとりでよむんだよ」

と、つぶやきました。

「おもしろそうだからいっしょによもうよ」

と重ねて言うと、「うん」と、意外に素直な受け入れで一安心。

それからは読み手と聞き手がいっしょになって、赤ちゃんヌーの運命にハラハラしながら、二人で大草原のドラマにのめり込みました。大地のぬくもりや地響きまでも伝わってくるようなダイナミックさです。

まさくんは身を乗り出して、絵本を読むおもしろさを満喫したようです。傷ついた母親のヌーと赤ちゃんヌーが再会を果たす、感動的な最後のシーンには、目をうるませながらのまさくんでした。

傷ついた母ヌーが、なぜケガをしたのかは、次のシリーズ『**かりのけいこ**』へとつながっていくことを知っていて、「またよんでね」との催促があり、大満足の様子です。

このような連載シリーズ物語は、まだまだ読み手が必要だと実感し、約二週間ほどかかりましたが、まさくんの動物絵本シリーズ読破（？）につき合ったものです。

それにしても気になっていたまさくんのひと言から、絵本カードをのぞいてみると、案の定、お母さんのコメントは、「自分で読んでます」の紋きり調のメッセージのみ。そこで、次のようなメッセージを贈りました。

「今、まさひろくんは絵本のへやで〈動物絵本シリーズ〉に夢中です。私もいっしょに夢中です。ダイナミックで壮大な自然の中でさまざまな動物たちの親子がすばらしい生き方をしていて、まさひろくんはその世界をお母さんにも伝えたがっているようです。どうぞいっしょに楽しんでみてください。お母さんは忙しいからって、まさひろくん少し心配していましたから」と。

その三日後の月曜日です。にこにこ顔のまさくんが、絵本を返しに来ながら、こう報告してくれました。

「ママがねー、ほんよんでくれたの。ヌーのまいごのはなし、すごいよかったって」

母親を久しぶりにひとり占めして絵本を読んでもらったこと。弟や妹が寝てから、これからもいっしょに読もうと約束してくれたことを、それはそれはうれしそうに、自慢そうに話す、まさくんでした。

どんなに園でがんばってつき合っても、やっぱり母の力は偉大です。最初に「拾い読み」をしていた『まいご』を、母親とじっくりと追体験しながら、親子の絆《きずな》を感じとったであろうまさくん。絵本をさらに好きになって、自分でキチンと読めるようになるのに、そう時間はかかりませんでした。

Ⅲ　秋のころ
——絵本の世界に遊ぶ

おねえちゃん、またえほんよんで

『つりばしわたれ』
（長崎源之助作　鈴木義治絵／岩崎書店）

「せんせい、ながさきげんのすけの『**つりばしわたれ**』って、やまびこのせいがでてくるのよ。ともこもいちどあいたいな」

と、絵本のへやでともちゃんが話しかけてきました。

山びこと遊べる子どもの内面の世界と、町の子が山の子どもたちのなかま入りができるという、日常の子どもの世界がいっしょに描かれた作品として評判の高い『つりばしわたれ』を気に入って、何回も読みふけっていたともちゃんらしい発言に、さもありなんと思いつつ、読解力の育ちに感心したものです。

ともちゃんは年少のときから、実によく絵本を手にしました。物静かですが、制作も得意、運動遊びも、いざというときは男の子も顔まけに器用でした。

でも外遊びの後は、決まって絵本のへやで絵本読書に夢中です。文章量の多い物語を、むさぼるように一人で読みふけっているのです。

松谷みよ子の作品を好み、赤ちゃん絵本から、むかしむかしまで、さらには日本むかし話の『**つるのおんがえし**』（いわさきちひろ絵／偕成社）を愛読しては、「おはなしもすき、えもうつくしい」と言いました。

クラスの担任の読みにも、絵本サークルで活躍する母親の読みがたりにも、一番前に陣どって、まばたきもせずに熱心な聞き手でした。

年長になったともちゃんは、絵本のへやに来る小さい組さんに、『**いないいないばあ**』（松谷みよ子文　瀬川康男絵／童心社）をよく読んでやっては、「おねえちゃん、またよんで」と慕われて、うれしそうでした。

二学期も半ば、絵本のへやに入っていくとともちゃんがいて、

「せんせい、まつたにみよこの『お月さんももいろ』よんで」

と言われてびっくり。読みをねだられたのは、はじめてでしたから。

小学校の高学年向きで、土佐のわらべ唄をもとに創作されたという**『お月さんももいろ』**(松谷みよ子文　井口文秀絵／ポプラ社)は、土佐の海辺で少女おりのが美しいさんごを拾い、じいやんの病気を治すために薬を分けてもらう代わりに、山の若者・与吉にさんごを贈るところから、二人の想いを寄せあうくだりまで、幼児にはとてもむずかしい展開と思いました。

しかしともちゃんは、顔を曇らせながら物語に聞き入り、やがて山の者と海の者が結婚できない掟と、冷たい役人の仕打ちで、二人が命を落とすくだりでは、目に涙さえにじませて、

「かわいそう。でもきれいなえ」

とポツリとつぶやき、あとは押し黙りました。ともちゃんの肩を抱きながら、

「とってもむかーしのおはなしなんだよね。ともちゃんやさしいね」

としばらく、気持ちを寄せあい、静かな時間を共感したものです。

絵本の貸し出しでも、また借りていって、案の定、四年生のお姉ちゃんといっしょにお母さんに読んでもらいながら、歌に節をつけて歌い合ったと、絵本カードに記録されていました。

絵本のグレードは、一応子どもたちの発達を考慮してありますが、聞き手の興味に応えて、読み手の思いを込めつつ与えていくことで、作り手の美しい文章に込められた主人公への愛情と、メッセージを増幅させる美しい絵が融合しあい、相乗しあい、子どもを作品の世界へと導いていく手応えを、ひしひしと感じました。

ともちゃんはその後、「えほんをよんでもらうのもすきだけど、じぶんでよむのもだーいすき」という言葉を、絵本カードに書き残して卒園していきました。

よい本に出会えることは、よい友だちに出会えたことと同じという言葉に、ピッタリのともちゃんの絵本読書ぶりでした。

ぼくはあなたのなかまでしょうか？

『こすずめのぼうけん』
（エインワース文　ほりうちせいいち絵
いしいももこ訳／福音館書店）

運動会が終わり、秋も深まった一〇月下旬、絵本のへやには気の合った友だち同士が寄り合って、「なかよし読み」をする姿が増えます。

年長組のけいくん、としくん、しんごくんの三人組も、いつになく真剣に一冊の絵本を見ながら、なにやらつぶやき合っています。この三人組は、クラスの中ではどちらかといえば、二番手組。ひとしきり遊びが盛り上がり、一段落したころから、ようやく遊び始めるグループでした。

どの子も飛びつくスクーターしかり、サッカーごっこも、陣とり鬼も、運動会の花形のリレーごっこも、わーっと皆が取り組むときは応援したり、見ていたり。時には砂場のどろんこ山で好きな遊びに興じています。

時折り三人は、絵本のへやへやって来て、なかよく、自分の気に入った絵本を紹介しあって、読み手と聞き手を交替で楽しんでいました。

とくに、しんごくんは〈動物絵本シリーズ〉の『**まいご**』（吉田遠志絵・文／ベネッセ）が好きで、ヌーの親子の冒険に目を輝かせ、夢中になって、けいくん、としくんに、ヌーの子どもがはぐれた様子を話す姿が見られました。

この日の三人は、担任に読んでもらった『**こすずめのぼうけん**』を「演じ分け読み」中（？）でした。

「ちゅんちゅんちゅんちゅんってきりいえないんです」

と、けいちゃんが読むと、

「じゃ　なかまじゃないからな」

と、しんごくんがかけ合いするように答えます。今度はとしくんが、

「こすずめはまた　いたいはねでとんでいきました」

とつなぎ、息がピッタリでした。

その後、この『こすずめのぼうけん』は、クラスでごっこ遊びとして続きましたが、その中心になったのが、これまではいつも二番手だった、「けい、とし、しんの三人組」でした。

絵本の中では、カラスと鳩、ふくろう、鴨が登場して、こすずめになかまの違いを知らせるのですが、しんごくんは、

「ぼくはこんなにおおきいはねでとべるけど、おまえはどんなふうにとべるかね」

と、大きな羽根を自慢するコンドルの出番を考えました。これは読みためたアフリカの動物絵本がヒントになったものと察しがつきます。としくんは、

「おれは、こんなにおおきなくちあけられるけど、おまえはあけられるかい」

と、ワニの特徴をとらえて、口のすごさを強調した台詞を提案しました。けいちゃんは猿でした。

「ぼくはキャッキャッキャッキャッってなけるけどおまえはなけるかい」

という、鳴き声にこだわった違いを考えた内容です。

お話は、女の子たちのアイデアで、りすの踊りや、ひばりの歌声も加わって、こすずめの出会いはふくらんでいき、三人組がたまたま絵本のへやでやりとりしていた『こすずめのぼうけん』は、クラスの皆で脚色し、一二月の生活発表会に劇遊びとして演じました。

親鳥から飛び立ち、自分の世界を広げていきたいこすずめの願望と、自分と他人の違いを感じながら、なかまという言葉にこだわり出した年長児の気持ちにフィットしたこの作品は、こすずめとともに物語の世界に遊べる楽しさを満喫させ、クラスの皆の気持ちを一つにしたようです。

自分たちで考えた生き物になりきって、「みんながちがってみんないい」、そんな思いをどの子も感じとった絵本の世界の共有でした。

その後、「……しかできないけれど、ぼくはあなたのなかまでしょうか」「わたしはあなたの……ですよ」という「問いかけごっこ」がはやり、クラスの合いことばのように、卒園までやりとりを楽しむ姿がありました。

ニアメのかみさま、おねがいします

『アナンシと6ぴきのむすこ』
（ジェラルド・マクダーモット作
しろたのぼる訳／ほるぷ出版）

降園前、玄関横の「ニアメのかみさま」の絵の前でみきちゃんが、手を合わせて、何かつぶやいています。そっと近づいても一心不乱、気づく様子もありません。つぶやきは繰りかえし、繰りかえし、こんなふうにお願いしていました。

「ニアメのかみさま、おねがいします。うんどうかいはおてんきにしてください。おとうさんが、うんどうかいをみにきます。ぜったいおてんきにしてください……」

みきちゃんのお父さんは、病気がちで入退院の身、みきちゃんの運動会には出席したいと、自宅に帰って療養していました。

一週間後の運動会のお天気を願って、各クラスでも、思い思いにいっぱいのてるてるぼうずが並んでいるのですが、みきちゃんの気持ちはそれでも足りなかったのでしょう。

そういえば、四、五日前から、一番大きい紙が欲しいというので、いっしょにつき合ったのですが、その時の、みきちゃんの熱心な表情を改めて思い起こしました。

「なんでもおねがいしたいことをきいてくれるニアメのかみさまをかきたいの」


話は、夏休み明けの九月にさかのぼります。夏休みが終わると、幼稚園は運動会にまっしぐら。年長のみきちゃんのクラスも、これまで楽しんだ絵本をテーマにして、運動会種目を考えての話し合いがたけなわでした。いろいろとあがった人気絵本の一番手が『**アナンシと6ぴきのむすこ**』です。

アフリカ民話をもとにしたこの絵本は、六匹のくもの兄弟が、それぞれの特技を生かして、父くものアナンシの危機を助ける、テンポのよい痛快なお話です。

一番目の息子は事件みつけ、二番目の息子は道路作り、三番目の息子は川の水飲み干し、四番目の息子は手品、次の息子は石投げじょうず、末息子は柔らかな体で座ぶとんなど、くもの息子たちの楽しい得意技に、子どもたちは大喜びで、何回もリクエストし、親しんだ絵本です。

そこから考え出したのがアナンシレース。まず、道つくりは巧技台渡り、水飲み干しはマラソンのイメージから、コップに入れた水を飲みほす、石投げにみたてた紙ボールのダンボール入れ、トランポリンからの着地は、末息子のクッションからのアイデアでした。

自分たちで考えたレース内容に、皆、意欲満々、残暑も何のその、連日練習に夢中です。とくに男の子たちは障害物遊びの感覚でおおいに盛り上がりました。女の子たちはというと、絵本の幾何学的な絵に魅せられたようです。

鮮やかな色彩を真似して、絵をよく描きました。中でもみきちゃんグループは、六匹の孝行息子にごほうびをやりたいアナンシが見つけた、光る不思議な玉を、どの息子にあげればよいか、悩み抜いた父くもの願いに登場するニアメの神様が気にいって、とうとう三日がかりで、大きい模造紙にえのぐとマジックを使い、ニアメの神様を描き上げて、年長組玄関に張り出しました。

この一連の活動の中に流れていた、みきちゃんの父親への、やさしい思いに胸打たれます。

みきちゃんは、年少時、病院通いに追われて忙しい母親を気遣ういい子で、がまん強い子という印象でした。でも、入園後、クラスに行かずに絵本のへやで泣き続け、絵本を一人で読む時間が長く続いた子どもです。

一年間のみきちゃんの心の育ちをひも解いていくと、みきちゃんを包み込んでいた居場所があってこそと、思い至ります。

園の絵本のへやは、癒しの場であり、憩いの空間として、一人ひとりの子どもたちにとって絵本と心通わせ、自分みつけをする、安息環境となっているという実感でした。

一週間後、ニアメの神様は、みきちゃんたちの願いを聞き届け、運動会の日、抜けるような青空をプレゼントしてくれました。

はようめを　だせ
かきのたね……

『かにむかし』
（木下順二作　清水昆絵／岩波書店）

園の裏庭の柿の木のあたりでしゃがみこんで、しきりにぶつぶつぶやいているゆうくんに気がついたのは、秋も深まった一〇月下旬でした。いつも給食を食べ終えてから、降園前の時間に一人でやってきては、しゃがみこみます。

ちょうど、絵本のへやから見えるので、興味をもって見ていると、雨が降っても、傘をさしてまで来ています。不思議に思ったそのわけが、絵本のへやへ来たゆうくんの読んでいた絵本からわかったのです。

ゆうくんは『**かにむかし**』を手に持って、かにの言葉のところへくると、ひときわ声を張り上げて、

〈はよう　めを　だせ　かきのたね、ださんと、はさみで、ほじりだすぞ〉と読んでいました。

ゆうくんは一〇月の誕生会で、職員劇の「さるかに」をみて、クラスでの担任の読みがたり以来、気にいっていたこの話に、がぜん色めき立ったようなのです。その誕生会で食べた柿のたねを、後生大事に密かに裏庭にまいたという次第。

昔話のように、すぐに芽がでて、木になり、柿が実り、熟れると本当に思い込んでいて、日夜の唱え文句を、埋めたたねに語りかけていたのでした。

一一月に入り、周りの木々が葉を落とし始めるころ、さすがに見かねた担任が、そっと植えていた柿の苗（残念ながら、ゆうくんのたねは芽が出ず、担任が代わりに内緒で植えたもの）が大きくなるには、年長組のゆうくんたちが卒園してから、六年生になるころまでかかることを、ていねいに説明して聞かせたといいます。

それでも、思いついた時からの、ゆうくんの柿の苗観察は、卒園まで続きました。

お話の世界を、実際に試みて実現できると思える幼児期の心理を大切にしながら、食物の成長の時系列を少しずつ、理解していく橋渡しに、こんな絵本をすすめてみました。

『じめんのうえとじめんのした』（アーマ・E・ウェーバー文・絵　藤枝澪子訳／福音館書店）は、たいへん地味ですが、絵本でも科学的に、幼い子どもが日々出会っている動物や植物を取り上げて、地上と地面の下の様子と、その密接なつながりあいを無駄なく、優しく、描いています。

文中の〈にっこうに　あたった　しょくぶつ　だけがくうきと　つちから　えいようぶんをとります〉のくだりで、真剣に聞き入っていたゆうくんが心配そうにぽつりとつぶやきました。

「かきのきにもおひさまのえいようがいるんだね。ぼくのうえたとこあまりおひさまがこない」と。

心はやはり自分の柿の木（?）でした。

自然界の不思議なしくみ、有機的つながりのすべてはむずかしく、その時すぐにはわからなくとも、いずれ知っていくものであり、長い目でとらえた作品として、一度は出会わせたい作品です。

その後、ゆうくんのクラスは、ゆうくんの「柿のたねニュース」が行き交って、ゆうくんの口ぐせの〈はようされろ、かきのみ、うれんと、はさみで、もぎりとるぞ〉がおおはやり。部屋中に大きい柿の木を作って、われもわれもと折り紙で作った柿の実を、実らせました。

たしかな想像力は、本物の質のよい絵にふれたり、すぐれた作品に出会い、豊かな直接、間接の体験が必要という意味を、改めて考えます。物語という、目に見えない世界を自分の心の中に見えるようにする力を、幼いころから培ってやりたいものです。

卒園したゆうくんは、フェンスぞいの隣の学校に行ってからも、しばしば裏庭の柿の木の様子をのぞきに来ました。自分のまいたたねの成長は、幼稚園のころの思い出の成長でもあるようです。

なかなか大きくならない木をながめながら、それでもニンマリとうれしそうでした。

ぼくもドジドジもってるもん

『おばけのドジドジ』
（安藤美紀夫文　長谷川集平絵／草土文化）

一〇月下旬。開けっ放しにしている職員室の入り口で、チラチラと中をうかがっているのは……電話をしていた私を見ている、けいたくんでした。片手には絵本を抱えています。

けいたくんは、決して自分から声をかけてこない男の子です。友だちをあきずにジーッと見ていますが、遊びに入ろうとはしません。自分から言葉を発することがないのです。名前を呼ばれれば、はずかしそうに手を挙げて反応しますから、聞こえてないわけではありません。集まるときの声かけには、人一倍よく気をつけていて、すーっと担任の膝もとにきます。

しばらくは、とくに気にもかけずに心配しなかったのですが、一か月くらいたったでしょうか、隣の席のまさくんが、

「けいちゃんしゃべらないよー」

と、言い出しました。たしかに、先日の遠足のときに、森の中を探検していたら、大きいくもの巣に出会って、皆で大騒ぎになり、「ドラキュラだ！」とか、「やっつけろ！」とか、「かわいそうだよー、くものうちだからこわすなー」など、誰もがいろいろどなったりしていたのに、けいたくんは指さして私の手にしがみついただけ、ひと言も声をあげずじまいで、これはと、気になっていた矢先だったのです。

クラスでは、担任がまめに声をかけ、手をとって行動し、けいたくんがクラスの一員として位置しやすいように、居心地がよいように、いつでも好きに声が出しやすい雰囲気つくりを、工夫していました。

ほかの子どもたちも、けいたくんの存在を気にしていて、誘いかけたり、世話をする子も出てきて、無表情な顔が少しずつなごんでいったのですが、やはりしゃべりま

せんでした。

担任は、家庭訪問のさいに、ママと話すけいたくんの声を聞いた後、さらにその心配が増していました。家では話しているのに、園に来て口を開かないのですから。でもあせらずに、時間をかけて、心を込めてを合いことばにして、残る園生活を楽しく過ごしましょうと、接していくことにしました。

絵本のへやには、よく来ました。絵本の整理をしたりしている私の脇にすーっと忍び寄るように来ては、にーと笑うようになりました。

よく手にしていた絵本は、**『おばけのバーバパパ』**（チゾンとテイラー作　やましたはるお訳／偕成社）でした。「よもうか？」と聞くと、うなづきますので、何回かつき合ったのです。

そんな彼が、めずらしく絵本を片手に、職員室をのぞいているのです。そばに行くと、けいたくんは手に持っていた絵本を黙って私の方へ突き出しました。

「よんでほしい？　よんでほしかったらよんでといってくれると、うれしいなー」

と投げかけてみると、けいたくんは、私の手をとってひっぱったのです。しゃがめというしぐさでした。彼の目線にしゃがんでみると、けいたくんは私の耳元へ口を近づけ、小さい小さいしゃがれた声で、「よんでー」と言ったのです。

職員室の隣にあった絵本のへやで、彼の声をはじめて聞いた、読んでほしい記念すべき一冊は**『おばけのドジドジ』**でした。

内容は弟のできたひできくんが、お母さんが恋しくて、赤ちゃんになりたがります。そのひできくんに、トラのぬいぐるみのトラダが現れて、「おばけのドジドジ」宣言をして、一晩中、楽しくかかわってくれるのです。強がっては失敗するドジドジとの交流で、ひできくんはすっかり気持ちが立ち直ります。

こんなストーリーを読み終わると、けいたくんは肩で息をするとひと言、「ぼくもドジドジもってるもん」と、内緒ばなしのように小さくつぶやきました。

返すことばもなく、呆然とけいたくんの顔を見ながら、「ああ、主人公のひできくんの顔とけいたくんの顔、そっくりだー」とうなづきながら、納得しました。絵本に後押しされたけいたくん、一つ越えたなって！

ゆっくりがすき、あわてなくていいの

『しゅっぱつしんこう！』

（山本忠敬作／福音館書店）


ほとんどの年長組の子どもたちが貸し出し絵本の返却を終えたころ、なるくんは大きな体をゆすりながら絵本のへやに現れました。私の姿を見ると、開口一番、

「このほんね、ちゅうがくのおねえちゃんが、しゅうがくりょこうにいっているからかりたんだけど、よかったよ」

と、片手に抱えていた絵本を見せてくれました。

その絵本は『しゅっぱつしんこう！』でした。特急列車や急行列車がひたすら野山を走る乗りもの絵本です。車中からの景色が、実に克明に描かれていて、まるで読み手もいっしょに旅しているような臨場感がありますが、なぜ、修学旅行のお姉ちゃん

につながるのか聞いてみると、なるくんの説明はこうでした。

「おねえちゃんもこんなふうにして、きしゃからいろいろみているんだなーとおもってなつかしかったの」と。

ずーっと年の離れた中学生の姉は、なるくんにとっては、お舅《しゅうと》さんのお世話で忙しい母親の代役のような存在と聞いていたので、はじめての姉の留守は、よほど寂しかったのでしょう、胸が熱くなりました。それでもなるくんはにっこりとして、こうも続けました。

「きゅうこうれっしゃははやいからあしたは、もうかえってくるんだよ！　おみやげは、きょうとのおまもりだって、でんわあったの」

なるくんの物言いは、いつも実にていねいでゆったりとしています。こちらもそのゆったりにつられて、ついなごやかな気持ちになるのです。何事にもあわてず、クラスの友だちの行動や遊びの流れから一歩引いて、ゆうゆうと自分のペースで動きます。体格がいいので、色白のおだやかな顔でどっしり構えていると、小学生にもみえる貫禄でした。

絵本のへやのなるくんは、〈くまたくんのシリーズ〉がお気に入りで、とりわけ『ぼくしんかんせんにのったんだ』（わたなべしげお作　おおともやすお絵／あかね書房）が好きで、「ぼくうんてんしゅになるんだ」と、ご機嫌です。

年長になってお姉ちゃんの手助けで、補助なしの自転車に挑戦したときは、「くまたくんのように、やっとのれたんだ」と、『ぼくじてんしゃにのれるんだ』（わたなべしげお作　おおともやすお絵／あかね書房）をだいじそうに抱えて、借りていきました。

夏休みが終わり、二学期の絵本の貸し出し一回目の日です。少し浮かない顔のなるくんが借りた絵本は、『よーいどん』（わたなべしげお文　おおともやすお絵／福音館書店）です。元気がないので声かけすると、

「ぼく、はしるのとくいじゃないから、おねえちゃん、しんぱいしているの」

となるくん。たしかに、かけっこやおにごっこなどには、ほとんど参加しないなるくん、走るのは苦手分野？　運動会に向かう九月に選んだ、苦肉の一冊のようでした。

この作品は、おおともやすおの絵が、どじばかりの主人公くまくんを励ます応援歌

のようだったからです。この絵本を、中学生のお姉ちゃんはどう受け止めて、走るのが苦手な弟とどう見るのか、楽しみになりました。

月曜日の返却日の朝、なるくんはいい顔で、誰もいなくなった絵本のへやに、やってきました。

「おねえちゃんとよんだの?」

と聞くと、こっくりとうなづいたなるくん、ますますにっこりして、

「ぼくはゆっくりがすきなの、だからあわてなくていいの。おねえちゃんもまあいいじゃないってさ。がんばればって」

絵本をいとおしそうにもう一度開くと、

「ほらね、くまくんもじぶんでいっとうしょうってよろこんでるでしょ」

と、説明しながら、見せてくれました。

運動会の当日、いつものようにあわてず、ピストルが鳴り終わってから、ゆうゆうと走り出すなるくんをひときわ声を張り上げて応援するお姉ちゃんの姿に、姉弟をつなぐ絵本の力を垣間見た思いでした。

バッタはね、もっととべるようになりたいんだよ

『とべバッタ』

（田島征三作／偕成社）


一〇月、秋晴れの蒼天《そうてん》の日、心地よい風に吹かれながら、年長組の子どもたちと江戸川へ虫とりに向かって、土手まで来たときです。

前半を歩いていたほし組の男の子のかたまりから、

「とベーバッターとベー！　くさをこえててんをめざし、くものなかまでとんでいけー！」

と、歌声とも、どなり声ともつかない声が上がりだし、二人、三人とその声が増えていきました。

いちばん大きな声の主はまこちゃんです。ぼつぼつ足元には草が茂りだし、小さい

しょうりょうバッタがびょーんびょーんと跳ねています。唱和する女の子も出てきて、担任がうれしそうに話すには、「虫とりがあるので、クラスで『とべバッタ』を何回も読んだ」とのこと。

とくに、虫とりめいじん（?）のまこちゃんのほれこみようはたいへんで、自分の本のように抱え込んで、放さなかったといいます。

報告を聞いている間に原っぱに着き、思い思いに虫とりが始まりました。危険箇所に気をくばりつつ、グループ単位で動く子どもたちにつき合っているうちに、まこちゃん中心のなかまのおもしろい行動に、目がいきました。

彼らは、小さい虫は取っても、かご（手作りの牛乳パックのもの）には入れずに放します。そして「とべーとべーバッター」と声をかけているのでした。うれしそうに（?）草の中にもどっていくバッタを見送ると、次なる獲物を追いかけるという姿です。

日ごろだんご虫を集めると、土を入れかえ水もやり、玄関に置いて、虫かごの虫を

大事に世話しているまこちゃんらしいなと思いつつ、つい、

「どうしてかえしているの？」

と聞いてみたら、

「バッタはね、もっともっととべるようになりたいんだよ。まだはねのよわいうちははらっぱにいたほうがいいよ」

と、さすが虫だいすきのまこちゃんの弁でした。

たしかに、クラスで読みがたったという絵本『とべバッタ』には、男の子を魅了する生命力とパワーがあります。

あらすじは、いつも食べられることに戦々恐々としていたバッタがある日、意を決して、隠れていた草むらから飛び出し、全身に力をみなぎらせてはばたくシーンの連続で、その雄々しさに圧倒させられるお話です。

秋口から、絵本のへやでも読んでとせがまれる一冊です。必ず「もういっかいよんでー」のアンコールの声が上がるのは男の子たち。一様に「かっこいい！」と賞賛します。

女の子たちは最後のページの、向き合った二匹のバッタの幸せそうな絵に「ラブラブ！」と、喜びのつぶやきを口にし、ほっとした表情をしますが、あまり二度読みのおねだりは出ませんでした。

ちなみにこの日のまこちゃんの虫かごの収穫は、大きなお腹のかまきり一匹です。「このかまきりのたまごをかえして、あったかくなったらまたはらっぱにかえしにくる」との言い分にすっかり感心して、この後、虫とり軍団と帰路についたのでした。

明言した通り、園に帰ったまこちゃんは、身ごもったかまきりが、卵を産みやすいように木をしつらえてかごに入れ、霧吹きで水分も補給し、死んだ虫などを見つけてきては、餌もかかさずに与え続けて、クラスで飼いました。そして、見事なゆりかご状の卵を産むまで世話しました。

よく絵本の部屋に来ては、虫図鑑を調べたり、虫の絵本をみたりと、かいがいしいまこちゃんと楽しんだ絵本の一冊は、**『かまきりっこ』**（近藤薫美子作／アリス館）でした。

かまきり二一九匹の生態と、弱肉強食の世界が実にこまやかに描かれていて、何回読んでも発見があります。まこちゃんは虫の複眼をもっていると思えるほどの目で、楽しげに作中のかまきりっこをさがし出しました。

虫好きのなかまの羨望のまなざしを一身に集めて、まこちゃんは、その虫かごを大事そうにかかえて、卒園していきました。

一つのことに、こんなにも夢中になれる幼児期のこだわりを大切に、知的好奇心をさらにのばしていって欲しいと、願わずにはいられません。

Ⅳ 冬のころ——絵本体験から表現活動へ

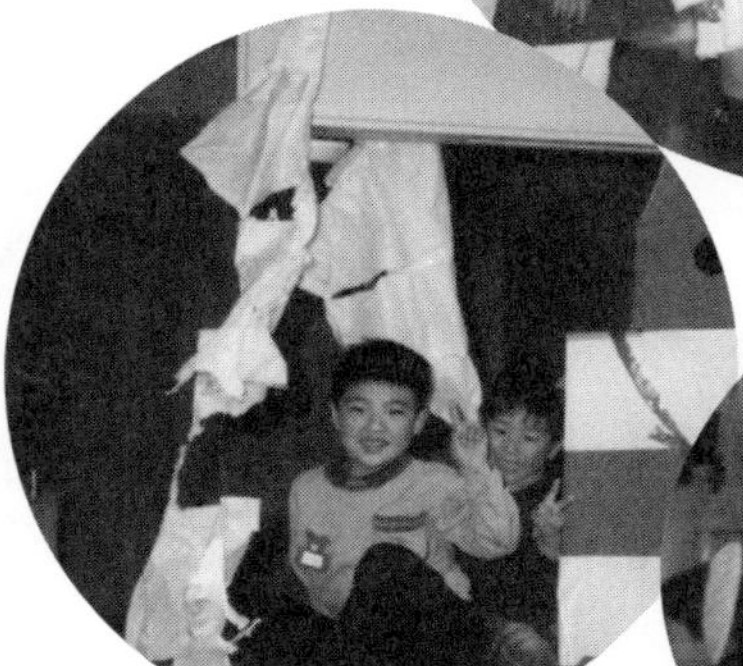

エルマーからてがみがきたよ！

『エルマーのぼうけん』
（R・Sガネット作　R・Cガネット絵
わたなべしげお訳／福音館書店）

二月二四日は、ゆり組の子どもたちの忘れられない記念日になりました。クラスの誰もが愛した絵本『エルマーのぼうけん』の主人公、エルマー・エレベーターから返事が届いたのですから。

担任の林先生は涙をこぼしながら「ゆりぐみのみなさんへ」のその手紙を読むと、子どもたちは誰いうとなく、「ばんざい、ばんざい！」の大合唱。どの子の顔もうれしさで紅潮し、目がキラキラと輝いています。

その手紙は二か月前、ゆり組の子ども全員がダンボールいっぱいに書きためて送った、エルマーへのラブレター（?）の、待ちに待った返事だったのです。

返事には、エルマーは外国に住んでいるので、手紙を受け取るのに時間を要したこと、日本語が不得手なので、練習したこと、でも一生懸命頑張って書いたことなどを、たどたどしいひらがなで書いてあり、「ゆりぐみのおともだちだーいすき、グーバイ」と結んでありました。

読み終わると、またまた子どもたちは「ばんさーい」と叫んでから、「みせて、みせて」と、次つぎに担任にかけ寄っていきました。

手紙をだいじそうに手に触れては、「すごいね」「よかったね」「じ、がんばってかいたんだね」「エルマーえらいね」「エルマーはぼくたちのともだちだね」「ほんとうにいたんだね」など、話がつきないようで、しばらく興奮気味でした。

そんな中、「エルマーにてがみだそう」の言いだしっぺだったひろきくんは、ひとり皆の端にいて、じっくりと喜びを味わっている満足気な笑顔が印象的でした。

ひろきくんは、絵本の好きなお母さんとお兄さんの影響で、大の本好きでした。三人兄弟の真ん中で、少し自己主張が足りないというのがお母さんの声でしたが、なかなかどうして、しっかりと自分をもっていて、絵本のへやでは『**かいじゅうたちのいるところ**』（モーリス・センダック作　じんぐうてるお訳／冨山房）『**ひとまねこざる**』（エッチ・エイ・レイ文・絵　光吉夏弥訳／岩波書店）シリーズが愛読書でした。絵本の中の主人公と同一化して、じっくりと絵本の世界を旅している姿が見てとれました。

そんなひろきくんが夢中になったのが、『**エルマーのぼうけん**』でした。

最初のきっかけはお兄ちゃんです。動物と昆虫がだいすきになったのも、お兄ちゃんの影響だったそうですが、その兄がわれを忘れて読む本に、ひろきくんもとりこになった（お母さんの弁）といいます。幼稚園でも絵本のへやで読み、絵本貸し出しでは、ずーっと借り続けて、シリーズのほとんどを読破していきました。

年長の二学期、「つづき読み」が楽しめる時期に、担任もエルマーを取り上げると、われもわれもとエルマーを読む子が増えて、絵本のへやでのエルマーの取り合い状態が見られました。

それではと、シリーズを買い足したのですが、担任が遊び心で、その本を「エルマーからのプレゼント」として、園のどこかに隠して置いてあるという投げかけをしたところ、本探しの幼稚園探検が展開されました。

その後、ひろきくんの思いはふくらんで、エルマーといっしょのりゅうまで作り、空想と現実を行ったり来たりのエルマー遊びに発展していったのです。友だちも乗れる大きいりゅうということで、苦心して完成したりゅうは、ダンボール一〇個を二週間がかりで合成した、見事なものでした。


一二月の生活発表会も、「エルマーとりゅう」でした。大道具もセリフも子どもたちで作り上げ、担任をして「エルマーがのりうつったみたい」と、言わしめました。そんな勢いの中でのひろきくんの「てがみかこう」コールに、クラスみんなが、いっせいに乗じたのはいうまでもありません。

子どもたちの思いの深さと、夢を広げる力に、「もしや」の望みを託して、訳者の渡辺茂男さんへ送った手紙の回答が、卒園前のゆり組の「ばんざい」三唱の歓喜につながったのです。

バルボンさん、あそびましょ

『バルボンさんのおうち』
（とよたかずひこ著／アリス館）

「せんせいの『バルボンさんのおうち』かして！」
と、年長もり組のまさこちゃんが職員室までやってきたのが、一一月の陽暖かな中旬でした。

絵本のへやには「バルボンさんシリーズ」が何冊もあるのにと思って聞いてみると、「いくらさがしてもない」とのこと。いっしょに行ってさがしてみたものの、たしかに一〇冊もの絵本が見当たりません。どうやら、ぼちぼちはじまった卒園アルバムの表紙書きに持ち出していったようです。まさこちゃんの使いたい理由は、「げきごっこをするんだ」と、うれしそうにいいました。

そういえば、まさこちゃんは大のワニファン（?）。というのも、年少組の時に出会った**『でんしゃにのって』**（とよたかずひこ著／アリス館）で、一人旅する主人公の女の子・うららちゃんの電車に一番乗りしてきたワニが気にいって、プール遊びでも「きょうはすてきなワニようび」と言いながら、ワニ泳ぎを楽しんだ経緯があるほどでしたから。

私のこれまでの経験では、女の子は不細工（?）ともいえる、グロテスクなワニを好まない傾向だったので、よほどお気にいりなのねと、担任と話し合ったものです。しかし、何回か読みがたりにつき合ってみると、なるほど絵本の中のワニは、ホッとするなごみがあり、愛嬌さえ感じる風貌です。子どもたちの、絵を読む力の広がりのようなものを考えさせられました。

そんなときでしたから、続く**『バルボンさんのおでかけ』**（とよたかずひこ著／アリス館）には、まさこちゃんはじめ、もり組の子どもたちが大喜びしました。「ガガガオーン」と大きな口を開け、動物園で誇りをもって仕事をしているバルボンさんの姿に、何回も「よんで！」のアンコールでした。

なかでも日ごろ、長男でお兄ちゃんとして、がまんすることの多いかずまくんのほれ込みようはたいへんで、

「いいなー、かっこいい。きっとバルボンさんはみんなに迫力をくれているんだ!」

と、あこがれました。幼児でも、おかれた家庭環境の中で結構、プレッシャーやストレスを抱えているように思います。少ない兄弟関係が親の過度の期待を生み、懸命にそれに応えようとしている姿がかいま見られます。そんな子どもたちの心を解き放ち、ホッと空間にいざなってくれる魅力が、バルボンさんの絵本にはあるようです。

「バルボンさん、あそびましょ」

「やあ、いらっしゃい、さあどうぞ」

と受け入れるバルボンさんの、おおらかな動物たちとの繰りかえしのやりとりが気にいって、次第に身体表現に発展していきました。とくに『バルボンさんのおうち』は、ジャングルの場面がだいすきで、劇表現として発展していき、その経過にいろんなアイデアが生まれました。

まさこちゃん発案のバルボンのお家は、ダンボール製ながら、表が普通の門構えで、裏返すとジャングルの絵柄という、どんでん返しの手法でした。ワニの口をお掃除する小鳥は、手作りのハブラシとか、フラミンゴの羽はピンクと赤のふたとおりの色あいのビニール袋等など、さまざまな工夫が生まれ、楽しい劇でした。

いまだ見たこともない、ジャングルという自然への憧れともいえる思いが、子どもたちをつき動かしているという感慨をもったのは、担任も同じでした。

二年間暮らしたなかまたちといっしょに、だいすきなバルボンさんを表現活動として楽しんだまさこちゃんたちが、卒園アルバムの絵にバルボンさんたちを描いたことは、いうまでもありません。

もり組には、バルボンさんが電車を運転して、「五さい駅」から「六さい駅」まで運ぶ誕生表が、壁面いっぱいに描かれています。

三か月後、もり組は全員が六歳になって、卒園です。みんなの楽しい絵本体験を思い出に――。

えほんのへやで
ころころころ

『ころころころ』
（元永定正作・絵／福音館書店）

〈いろだま　ころころ〉〈ころころころころ　かいだんみち〉〈ころころころころころころ〉〈しゅうてん〉、「もういっかい！」と弾《はず》んだ、りきくんの声で、終わりなしの「繰りかえし読み」を何回つき合ったことか。卒園まで三か月、感無量。

にこにこと、ごきげんなりきくんの近くに、こうちゃんが寄り添って、「りきくん、すきなんだね」と、うれしそうに笑いあいます。

クラスにいるよりも、園庭か、絵本のへやに一人でいることの多かったりきくんが、心を開いていった過程に、**『ころころころ』**との出会いは、大きな変容の節になりました。口の中で、舌の上をころがるような言葉の流れが、まるで呪文《じゅもん》のようでもあり、不思議な感覚を味わうこの絵本は、ぐずってクラスに入らずにいるりきくんの、閉ざされた心をくすぐったようです。

読み進むと、よだれが流れるのも気にせずに、もぐもぐと口元を動かし、夢中で絵を見ながら、だんだんと表情がゆるみ、笑みが浮かんできたのでした。「しゅうてん」と絵本を閉じると、「もういっかい」と矢つぎばやの催促で、「おもしろい！」と、しがみついて叫びました。絵本のへやにいた周りの子どもたちが、びっくりして振り向いたくらいの大声でした。

絵本の貸し出しも、『ころころころ』のオンパレード。次にお気にいりになった『**しろくまちゃんのほっとけーき**』（わかやまけん作／こぐま社）までほぼ一年、連続のご執心でした。キャーキャーと喜ぶさまは、まるで赤子のように無邪気そのもの。

その笑い声につられるように、こうちゃん、けんたろうくんと、日ごろりきくんに関心のあった子たちが自然と集まってきました。絵本のへやで読みあっている後ろからのぞいたり、相槌をうったりと、りきくんの喜ぶ様子をいっしょに楽しむ子どもたちが増えていきました。クラスでも皆で楽しみました。

『しろくまちゃん』では、冷蔵庫を開けて、卵をおっことして割れる場面がとくに好きで、読み終わってもそこを開いては、「あっはっは、あっはっは」と、大笑いするのです。ケーキの焼けていく〈ぼたあん　どろどろ　ぴちぴちぴち　ぷつぷつ　やけたかな〉のことばには口元をゆるめて、よだれをするように、にこにこしました。繰りかえすうちに、読み手の声に合わせて、絵を指さし、絶妙のタイミングで最後に「はいできあがり」と結んで、ご機嫌です。

年長の運動会の後のこと。一人遊びを楽しんでいるりきくんが、いつも相棒のように手に持っているビニールテープを階段のところで転がしている姿が見えました。そばに行ってみると「ころころころ！」と言いながら、転がしては投げ、転がしては投げています。

はじめて自分から考え出した遊びでもあり、禁止せずに、かといって危険のないようにと、ティッシュでソフトなまり状の玉を作って提示すると、ほかの子どもたちも加わって、楽しい「ころころころころがし」が共有できて、友だちつくりのきっかけとなりました。階段を遊び場か、挑戦する場と考えるのは、少し乱暴かとも思いましたが、りきくん流の、絵本からの生まれた遊び心を大切にした賜物《たまもの》です。

いちはやくこの試みに乗って、りきくんの世界にパスポートしたのは、もちろんこうちゃんでした。バウンドしながらころがる玉の色を、赤や緑、黄の色にして、彩りも加えて、しばし単純な繰りかえしに、笑顔が満面でした。

三学期、お正月遊びと、絵本読みが出来る環境にと、絵本のへやにはこたつが入り、よりアットホームに子どもたちが憩います。

幼稚園の絵本のへやは、まずは憩えるくつろぎ空間、子どもたちが心遊ばせて、絵本と出会えるところ、そこに気のあった友が集う――そんな環境の中に、いつでも読み手となれる絵本だいすきな道案内人がいれば、「ころころ」の輪は、いつまでもころがり続けるでしょう。

べんぴって、うんちのみちくさ？

『すっきりうんち』
（七尾純作　守矢るり絵／あかね書房）

二月の寒い朝のこと、絵本のへやに入ってきたるみなちゃんが、にこにこして、そっと耳元にささやいてきました。

「るみな、べんぴなおったよ。まだころころのうさぎのうんちだけど」

と、ちょっぴりはずかしそうな、うれしそうな表情です。

白い顔をして、お腹の痛みを訴えてきたるみなちゃんの様子から、トイレに何回か行かせても排便のないことから、便秘気味と察して、よく腹部をさすってやっていたことへの報告のつもりのようです。

「よかったね。がまんしないで、うんちしたくなったら、すぐいくといいんだよね」

と言うと、

「うん、そうする」と、素直です。職員室でいっしょに便秘の悩み（？）につきあったもの同士の気安さでした。なかなか出ないうんちにつきあって、そのときに読んだ絵本が、**『すっきりうんち』**でした。


小児科のドクターも参画し、子どものからだのしくみをわかりやすく、親しみやすく描いたこの絵本は、主人公のひろくんの行動を通して、どうしてうんちがでるのかな？　という、幼児期の子どもの疑問に沿いながら、展開していきます。口から入った食物が、お腹の中をゆっくり旅する様子が、科学的におもしろく、見開きいっぱいの描写場面に、るみなちゃんは目をみはりました。

「るみなのおなかも、ひろくんとおんなじなの？」

「すごいね。うんちのたびだ。るみなのうんちはみちくさしてるの？」

と、大まじめに聞くので、思わず吹き出してしまい、べそかき顔のるみなちゃんに、

「ごめんごめん、わらったりして。でもね、やさいやくだものやいろんなものをよくかんでたべれば、きっといいうんちがでるよ」

とあやまったものです。それから「うんちのみちのみちくさ」は二人の内緒のことばとなりました。

絵本のへやで会ったとき、二人で読んだ絵本の中で、とくにるみなちゃんが気に入ったものに、**『りっぱなうんち』**（きたやまようこ作／あすなろ書房）があります。先の絵本とは一味違って、なかなかジョークがあって楽しめます。

〈みみずのうんちはどろんこうんち。どろんこいっぱいたべたから。うんうんりっぱなうんちだね〉にはじまって、金魚やうさぎなどの身近な生き物から、ライオン、象、鯨や恐竜などの大きな生き物まで、それぞれがうんちの自慢を言いあい、愉快です。バナナを食べればバナナのうんちと形状までがリアルで、るみなちゃんもすっかりとりこでした。

そこで少し方向転換も含めて、意図的にすすめてみた絵本は、**『ばいばいようちゃん』**（やましたはるお文　わたなべようじ絵／童心社）です。読みがたってみると、案の定、るみなちゃんは大喜びです。

「るみなもバナナうんちがでたら、ばいばいしようっと」と、言いました。二歳のようちゃんが、何にでもばいばいするというお話の中に、排便の場面もあるのです。

そんな「ばいばいめいじん」も、飼っていたインコが死んだ時だけは、絶対にばいばいを言わなかったという結末に、ちょっぴり顔を曇らせた彼女と、しばらく余韻を感じあったものです。

うんちがとりもつ絵本選びも、少しずつ広がりが生まれ、ポプラ社の写真絵本では、アフリカの壮大な自然に、しばし呆然のひとときでした。『**たべたらうんち**』（山岡寛人写真・文／ポプラ社）というこの絵本は、環境問題をテーマとして取り組む作者の、写真を通したメッセージが、子どもの目線に沿って伝わってきます。

弱肉強食の世界が、草原の生き物の排泄《はいせつ》物を通して、におうほど迫ってきます。うんちもいろんな角度からみると、たくさんの発見があり、立派な学習でした。日常、案外見過ごしてしまう小さな出来事の中にこそ、科学の芽生えがあるのだと、改めて思いました。

どこへいったの？うさぎさん

『子うさぎましろのお話』
（ささきたづ文　みよしせきや絵／ポプラ社）

一一月二九日、忘れもしません。朝、子どもたちが登園してくる前の、いつもの園庭チェックの時でした。五羽いたうさぎ小屋がもぬけのカラ！　小屋の網は二か所、大きくえぐられて、ズタズタ状態です。一滴の血らしきものもみえず、たいした毛も見当たらず、明らかに動物ではなく、人の仕業かと思いました。

日ごろ、年長の子どもたちが交替で世話をし、赤ん坊の時から親しんだうさぎです。

「こどもたちになんといおうか？」

これが最初の思いでした。それでも万に一つ、どこかに一羽でも隠れていればと、気を取り直して、先生たちと草むらという草むらをさがしまわるうちに、はや、もう子どもたちの来る時間でした。

一番に目ざとく気がついたのは、ともかちゃんとなつみちゃんでした。この二人は気の合うなかよし、毎朝連れ立ってうさぎ小屋を見に来るのです。小学校からもらってきた子うさぎに、一羽一羽の特徴を見つけて、名前をつけたのもこの二人が中心でした。名づけ親のような気持ちが人一倍強く、関心があり、当番も率先して引き受けて、熱心でした。

「せんせい、うさぎがいない！　あみがこわされてるよ」

と、案の定、息せき切ってかけ込んできました。

「あまえんぼうも、びっくりも、りす（うさぎなのに、りすにとっても似ていたのでつけた）も、げんきまでいないよ」

と、なっちゃん。ことの重大さにもう涙目です。ともかちゃんも

「ママ（母うさぎ）もいないから、みんないっしょにどっかいっちゃったの？」

と、戸惑いの表情で、顔がひきつっていました。

その後、次つぎにやってくる子どもたちといっしょに、再度のうさぎさがしも徒労

に終わり、近くの交番に連絡したところ、さっそくおまわりさんがかけつけてくださったことで、子どもたちは気持ちに一区切りついた様子でした。

ところが、おさまらなかったのがなっちゃんたちです。次の日から、絵本のへやにきてせっせと絵本をさがしたり、読んだりしはじめたのです。これまでも絵本ずきの二人でしたが、うさぎの失踪《しっそう》以来、読み出した絵本はうさぎのお話の絵本にこだわっているのです。

『子うさぎましろのお話』を手にしていたなっちゃんは、

「ましろのように、うさぎたちはサンタクロースのおてつだいをしにいったのかしら」

といいます。この長いお話は、お家でママに読んでもらったこともあるそうで、クリスマスが近くなると、ましろの蒔《ま》いたもみの木に、プレゼントがいっぱいなっているといいなと思うとも語ってくれました。なっちゃんの、うさぎたちへの優しい気持ちにホッとします。

ともかちゃんは『のうさぎにげろ』（伊藤正顕文　滝波明生絵／新日本出版社）を一生懸命に見ていました。命の不思議と生きる力のすばらしさをメッセージするために、日本の野生動物の姿を描いて定評のある滝波明生の絵が、リアルで本物のような臨場感があります。

「うさぎたちもママといっしょににげられたかな?」

と、たずねるともかちゃんの真剣なまなざしに、黙ってうなづいたものです。

一一月の、寒さひとしお増した朝に起きた出来事は、二人の心に大きな波紋となって、いろいろと思いをめぐらせる機会になったのでしょう。大切なものを失った悲しさを、何かで懸命に埋め合わせしているような二人の姿に、うさぎの絵を描くことをもちかけてみました。

思いを込めて描き出した二人の絵は、どのうさぎも幸せそうに森で生活する、笑顔のうさぎで救われました。その絵を製本してみると、ストーリーが生まれ、見事な一冊になり、卒園近い日々の各クラスで読まれ、皆に共感されたことはいうまでもありません。

おなかの赤ちゃん、あなたはだれ？

『いっしょにいっしょに』
（鈴木みゆき文　長野博一絵／金の星社）

絵本のへやは、園の子どもたちとともに絵本サークルの母親たちの集いの場でもあります。園の素適な読書空間として、たくさんの絵本のお世話をしてくれるボランティアともいえましょう。絵本だいすきのお母さんが多く、二年間の園生活を、絵本のへやを拠点に、親子で絵本読書活動を行います。りんちゃんのママもそんな熱心なメンバーの一人でした。

大きいお腹でサークル部長をつとめ、読みがたりを胎教《たいきょう》に、身をもって実践したお母さんです。やさしいまなざしをお腹に向けながら語る姿に、聞き手の子どもたちも包み込まれるように絵本の世界に入り込みました。

とくに『ねんねんねこねこ』（ながのひでこ作・絵／アリス館）が気にいっていて、ご家庭でもりんちゃんとよく楽しんでいたとのことで、文を読むというのでなく、まるで子守唄を歌っているようです。リラックスして、うっとりと聞いている園児たちの表情は赤ん坊のようで、胎内を追体験しているのではと、思えたほどです。

こんな時期に、絵本のへやの子どもたちとともに、りんちゃんに紹介した絵本が『いっしょにいっしょに』でした。やわらかなマタニティを着た若い母親が、ゆったりとお腹を見つめて、「おはなしおはなしいっしょね」と、話しかけています。次のページには羊水《ようすい》に浮かんでいるような裸の赤ん坊が、前ページの母親とまるで同じ姿勢で描かれていて、おだやかな表情で、「うん」と、反応しています。

「おててをパッパッ、にてるね」と語る母親に応えるかのように、次のページはまた同じ姿態で赤ん坊が、「うん」という具合です。読み手も聞き手も、赤ん坊といっしょに不思議空間に浮遊している感覚を味わいました。

読み終えて、しばし皆で「ほーっ」と一息、お互いに顔を見合わせてにっこりでし

た。りんちゃんはとくにうれしそうに、

「わたしのママのおなかのあかちゃんもいっしょ」

と言います。マタニティ絵本として企画したとされるこの作品を、大人の見方としては、斬新なという程度だったのですが、子どもたちと読みがたることで、作品のメッセージがイキイキと命を宿して伝わってきた絵本です。

さっそく行った、サークルの母親たちとの勉強会でも、この絵本のブックトークをして好評、子どもの目線の大切さを確認しました。絵本は「読んでもらって息を吹きかえす」でした。


子どもたちの興味は、身近におなかの大きい母親がいたりすると、赤ちゃんへの思いが、いっそう高まります。りんちゃんを中心にして、年長の女の子たちが好んだ絵本は、**『あなたはだれ?』**（シャーロット・ゾロトウ文　ライス・キャサル絵　みらいなな訳／童話屋）でした。外国絵本でモノトーンに近い、地味な配色のこの絵本は、なかなか子どもが自分から手にすることの少ない作品です。生まれたばかりの、ビリーと命名された赤ちゃんに、やさしく語りかける母親のことばで、展開していきます。「ちいさいあひるさん」「ちいさいはとさん」「ちいさいかえるさん」「ちいさいみつばちさん」と、赤ちゃんの泣き声や、まだ言葉にならない発声や姿態から、いろいろにたとえて声かけするお母さんの言葉に、聞き手のりんちゃんたちは、「くっくっく……」と、いかにも幸せそうに含み笑いをしながら、「でもあなたはだれ？」と、読み手のことばに唱和するのでした。

そしてこのお話は、「あるひのことです　あかちゃんはたちあがり　ママーとよびママもビリーとよびます」で終わりますが、りんちゃんたちは、この長いやりとりにいっしょに参加して、ビリーの成長を喜び、拍手をするのでした。

胎内から出産、そしてひとり立ちしていく成長のドラマを、絵本を通して体験している姿に、すぐれた絵本のもつ影響力を見ます。

その後、りんちゃんのママは、女の子を出産しました。一年生になったりんちゃんのかわいがりようが目に浮かびます。

「でもあなたはだれ？」なんて言いながら……。

ほしぐみ、みーんな、ねずみのかぞく

『14ひきのかぞくシリーズ』
（いわむらかずお作／童心社）

冬休み明けの一月一八日、穏やかな冬の日差しの絵本のへやに、しほちゃん、かおりちゃん、ゆうこちゃん、かなこちゃんが連れ立って入ってくると、まっすぐに創作絵本コーナーに行き、手にした絵本は『**14ひきのかぞくシリーズ**』でした。

しほちゃんは『**あさごはん**』、かおりちゃんは『**ひっこし**』、ゆうこちゃんは『**おつきみ**』、かなちゃんは『**ぴくにっく**』でした。口々に、「わたしこれだいすきなの」「わたしはもう四かいもかりたよ」「これおもしろいもの」「とっくん、かわいいね」などと、自分の選んだ絵本の自慢です。

今日は、絵本の貸し出し日でもないのにと思い、「どうしたの?」と質問をすると、担任に、好きな絵本を各自一冊ずつ持ってくるように言われたとのこと。なるほど次つぎと、ほし組の子どもたちが絵本のへやにやってきては、「ぼくこれ」「わたしはこのほん」と、日ごろ愛読している絵本を見つけては、勇んでクラスへと持ち帰っていきます。

「えんちょうせんせいもきてよ」

の、しほちゃんの誘いで、いっしょにクラスに行くと、絵本選びの意味がわかりました。ほし組の担任は、産休補助に入ったばかりの先生で、二月に予定されている生活発表会の出し物の話し合いに、まずは絵本選びからと、子どもたちに自薦させていたのです。

思い思いの絵本が三六冊、その中で女の子のトップが『14ひきシリーズ』で九人、男の子のトップが『**11ぴきのねこシリーズ**』（馬場のぼる著／こぐま社）で八人です。どちらもそのおもしろさを言い張って譲りません。

中でも、しほちゃんは「14ひき派」（?）の急先鋒で、

「いっぱいのかぞくで、いろんなたのしいことがおきるから、みんなでげきをするとたのしいとおもう」

と、皆を説得にかかります。あまりの熱心さにたじたじの男組も、「11ぴきのねこ」の魅力をなかなか捨てきれずに、しばし沈黙状態。見かねて、外野から老婆心で、

「14ひき家族と11ぴきのねこのお話をいっしょにしたら」

と、もちかけたところ、

「そーんな、だめだよ。ねことねずみはなかがわるいんだから!」

と、一蹴《いっしゅう》される始末。その内、男の子の方で、

「ぼく、ごうくんやってもいい」

という声が出てきて、

「ぼくはいっくん」

など、形勢が徐々に変わってきました。その頃合を見はからって、

「じゃ14ひきをしてみようか、男の子もいろいろいるから楽しめそうだしね」の先生の声かけで、「やろうやろう!」のクラスの雰囲気が出来上がり、しほちゃんグルー

プはにんまりでした。

この日から、絵本のへやの『14ひきシリーズ』絵本のほとんどは、ほし組に大移動。どの本にするかを決めるための読みがたりが、連日続きました。

その間およそ一〇日間、ねずみの家族になったかなこちゃん、しおりちゃんがねずみのお面をかぶって、クラス内はもちろん、廊下や園庭まで範囲を広げていくと、われもわれもとねずみが増えて、シリーズを読み終えた時には、三六匹の大家族が、幼稚園中に住みついていました。

けんけんごうごうの三六匹のねずみたちの家族会議の結果、劇の場面は「ひっこし」「せんたく」「こもりうた」「おつきみ」の四つに決定。「みんなでちからをあわせてあたらしいうちつくろう」「おつきさまはどうしよう」「せんたくするかわ　どうしよう」「すすきもいるね」と、やりたいグループに分かれて、どんどん物語の世界へと自分たちを進めて、楽しみます。

いよいよ本番の二月九日は、ＯＨＰでバックの山や月の場面を映し出し、幼児とは思えぬアイデアで、のびのびした演技が大好評。さらに子守り歌は「うたごえサークル」のお母さんのバックミュージックの協力もあり、素適でした。

その後、しほちゃんをリーダーとして、「14ひきかぞくにはもちつきのおはなしがない」ということで、なかよし四人組で絵を描き、お話を作って自分たちの絵本を仕上げたのです。

「もちつきしよう　ぺったん　ぺったん　おとうさん。おもちをかえすのは　おかあさん」で始まる内容は、14匹家族の個性と役どころを見事にとらえた、自分たちのオリジナルでした。

読んでもらい、自分でも読んで演じて、そして絵本つくりまで、全身全霊で楽しんだ作品に出会えた、幸せな絵本体験をした子どもたちです。

ぼくにもエプロンかして！

『ふしぎなえぷろん』
（谷真介作　小出保子絵／あかね書房）

一一月の誕生会で、お話のプレゼントに『**ふしぎなえぷろん**』のお話をしたときのことです。内容は、みこちゃんのママが、暮れの売り出しの福引きで引き当てたエプロンをすると、急にケーキを作りたくなってしまうという、不思議なエプロンのお話です。

ケーキ作りの後、洗濯をして干すと、いつも風に飛ばされて、森の動物たちの間をめぐります。エプロンをした動物たちは、「こむぎこいれて、たまごをいれて、ミルクをいれてシュッシュッシュッ、ハチミツいれて……」と歌い出し、たちまち美味しいケーキを作ってしまうという展開です。

話し出すと、集中していく子どもたちのうれしそうな顔、顔。その中にひときわ感情移入しているのは、ようくんでした。話が終わった途端に、ようくんはつかつかと前に出てきて、

「ぼくにもエプロンかして」

と、お話に使ったエプロンに手をのばしたのです。あっけにとられている会場の皆を尻目に、真剣なようくんの表情を見て、目でうなづきながらエプロンを手渡し、とっさにそこに座らせました。

年少組のようくんは、運動会が終わっても、マイペースの一人遊びが好きでした。がらくた工作に取り組むと、脇目もふらずに作り続け、手当たり次第に部屋をがらくたでいっぱいにします。

「ずるーいよ、ようくんばっかりつかってる」

という非難の声が出るほど、廃材をひとり占めですが、牛乳パックで作るテーブルや、ヤクルトの空き瓶のマラカスなど、見事な作品を目の当たりにして、「すごいねー」と、少しずつ認める友だちもいました。

そんな時期のお誕生会でした。

エプロンを家に持ち帰ったようくんは、さっそくエプロンをして、おやつのケーキづくりに挑戦したといいます。つき合ったママも感心するほどの根気よさで、スポンジケーキにチョコレートのトッピングをしてようくんは大満足したとか。

二日後、笑顔のようくんは、少し変形したケーキを添えて、エプロンを返しに来ました。それを機に、ようくんは絵本のへやにくると、『**しろくまちゃんのほっとけーき**』（わかやまけん作／こぐま社）を、真っ先に手にするようになりました。

「たまごをわって、ぎゅうにゅういれてよくかきまぜるの　こむぎこ　おさとうふくらましこいれて……」

とつぶやきながら、ようくんは絵本を読んでいるというよりも、まるで、レシピを読んでいるシェフのような顔つきです。絵本の中のクライマックスの、ケーキが焼けていく見開きのページでは、満面の笑みで、

「ぽたあん　どろどろ　ぴちぴちぴち　ぷつぷつ　やけたかな　まあだまだ…」

と、ひとりつぶやきながら、絵のフライパンを動かすしぐさをします。絵本のへやのほかの子どもたちも引き込まれ、ようくんの周りに集まってきます。

「はいできあがり！」の声に、拍手の女の子もいました。

子どもたちの絵本の楽しみ方はいろいろありますが、実演さながらのようくんの絵本読みの姿に、「コックさんみたい」という子もいたほどです。

その後のようくんは、女の子たちの「ままごとごっこ」に誘われて、厨房のコックさん役をしたり、出前を引き受けたり、年長になるまでの二、三か月間、料理づくりに余念がありませんでした。

年長になってから、絵本のへやでのお気にいり絵本は、もっぱら『ぐりとぐら』（なかがわりえこ作　おおむらゆりこ絵／福音館書店）でした。

「ぼくらのなまえはぐりとぐら　このよでいちばんすきなのは　おりょうりすること　たべること　ぐりとぐら」

と、大声で歌いながら、ぐりといっしょに泡立て器を回すまねをします。ようくんの楽しみ方は、絵本の世界に入り込み、全身で絵本を味わっている、そんなふうでした。

日々の給食当番は大張りきりで、エプロン姿もかいがいしく、小さなコックさんさながらに、友だちへの配膳を努め、世話をしていました。家庭でもこのころには、卵やきとやきそばならママ顔負けの腕前とのことで、料理と密着した、ようくんの絵本体験を喜びあったものです。

ぼくのスノーマン、れいぞうこにいれて

『ゆきだるま』
（レイモンド・ブリッグズ著／評論社）

絵本のへやで、のぶくんとせいくんが頭をつきあわせて、一冊の絵本に見入ってます。よく見ると、のぶくんが読み手で、聞き役はせいくんでした。遊びの場では、いつももめあって意見の対立する二人の、何とも不思議な様子に、ついそっとそばまで行ってみたのです。

二人の見ていた絵本は、『**ゆきだるま**』でした。この絵本は絵だけで展開する、文字なし絵本なのにと聞き入っていると、のぶくんは真剣に読みがたっていました。

「ぼくのつくったスノーマン！　おいでよ。さびしそうにしてないであそぼう」「ここはぼくのへやだよ」「あっ、ひにあたったらとけちゃうね」……

コマ送りに展開するゆきだるまと少年のやりとりを、あたかも少年の声を代弁するかのような、見事なことばが次つぎと飛び出し、よどみがありません。日ごろあばれん坊で、じっとしていられないせいくんが集中して夢中で絵を追っていて、のぶくんの読みに一体化していました。ちょうど、外はみぞれ模様の一二月初旬。タイムリーで、季節感ぴったりの本選びです。

のぶくんは、実は、まだ字を覚えていないのですが、絵を読むイメージの広がりは、誰にも束縛されることなく、かえってのびのびと言葉で表現できるのだと、改めて実感したものです。

少年とゆきだるまとの、一夜のファンタジックな交流は、やがて次の朝には消えてしまいます。雪の夜の二人の楽しいふれあいや、夜空を飛ぶ素適な情景は、まるで一服の絵のように美しく、はかないのですが、読むものの瞼《まぶた》の底に焼きついて、離れません。

外遊びがだいすきで、元気いっぱいのわんぱくな二人が、すっかり魅せられたのも、よい絵本のもつ魅力と、スノーマンと少年の友情のすばらしさなのではと思いました。

読み終わって、ホッと一息ついた二人は、

「あっ、せんせい！」

と、満足そうに見上げてから、せいくんのひと言、

「おれもスノーマンつくりてえ」でした。

「そうだね、ゆきがふるといいね」

と相槌をうちながら、ついつい自分が育った雪国の様子や、かまくら作りの話を、二人に語ったものです。


いい顔の二人にせがまれて読んだ絵本は、**『ゆきのひ』**（エズラ・ジャック・キーツ文・絵　きじまはじめ訳／偕成社）です。

冬の朝、いっぱい降り積もった雪の中に、赤いマントを着てかけだす主人公・ピーターの雪遊びの楽しそうなこと。二人は目を見はり、それはそれは熱中して、聞いてくれました。

その後、二人は「ゆきふらないかなー」が口ぐせ、顔が会うと、繰りかえし言い続けました。

念ずれば通ずという諺《ことわざ》は、やっぱりあるのですね。冬休みも明けて、一月はじめ、雪がきました。新潟に郷里のある園区の自治会長さんのご好意で、ダンプトラック二台分の雪が、新潟から届けられました。一昼夜、寝ずに走り続けたトラックは月曜日の朝、子どもたちの登園時間に到着し、園庭に雪の山を出現させてくれたのです。

次つぎと登園してくる子どもたちの喜びの喚声は、想像を越えました。カバンを放り出して遊びだす子、茫然と立ちつくす子、雪をなめる子と、思い思いのとりかかりです。

のぶくんはというと、ばさっと雪に倒れて、体全体で雪の感触を満喫しています。せいくんは、だいじそうに雪をまるめると、まずは思いっきり投げてから、おもむろにゆきだるまを作りました。まるで『ゆきのひ』のピーターのように。

この雪山は、二〇〇人からの園児たちの遊びにたえて、三日間持ち続けましたが、やがて園の庭をどろどろにして消えていきました。

「ぼくのスノーマン！」と、何回もゆきだるま作りを堪能した二人は、最後は土まみれの雪ダドン状態のゆきだるまを、日陰に移したりして保存に努めたのですが、やがて崩れ落ちた雪のかたまりを、「れいぞうこにいれて」と持ってきて、ゆきだるまへの愛着を示しました。

絵本と生活体験がいっしょになって、たっぷりと遊んだ二人が、園生活のしめくくりに、楽しい思い出を共有した出来事でした。

解説

子どもを愛し続けてきた教育者の記録

◉この本だいすきの会・代表
小松崎　進

千葉県市川市の市立幼稚園の園長だった大西紀子さんとの知己を得て、何度も幼稚園にお邪魔し、先生方と話し合い、また、園児たちに絵本の読みがたりをさせてもらったのは、何年前のことでしょうか。

園にうかがうたびに、大西さんからお聞きした園児と絵本とのかかわりは楽しく、また、心を動かされる話ばかりでした。

いま、あらためてその実践記録を読みかえすと、幼児と子どもの本とのかかわりの深さに驚くばかりです。

幼児と子どもの本のかかわり——その子はどんな子どもだったのか、どんな機会にその子がどんな絵本とぬきさしならぬ関係になっていったのか、そして、その子がどう変容し、どう育っていったのかが、各編ていねいに書かれていて、「なるほど」「そうそう」「うん、わかった!」と、声に出してうなずくばかりです。

さて、どの記録にも、名前をもった園児が登場します。それは、どちらかといえば、消極的な性格、目立たない、あるいは周りとあまりかかわりをもちたがらない園児が多いように思われます。

その園児にいち早く注目し、とくにその園児とほかの園児とのかかわりを重視し、少しずつ働きかける大西さん、そして先生方。

園児が、「絵本のへや」から自らさがし出した絵本を繰りかえし読みがたる、また、これぞと思う絵本を園児とかかわらせてみる大西さんの園児への愛は、読む者の心をあたたかくしてくれます。

大西さんの絵本論は鋭く、しかもあたたかです。それは、膨大な絵本を読み込んできた、永い歴史が生んだものです。ですから、「この園児には、いまこの絵本を」というかかわらせ方は適切で、うなずくばかりです。

それと、どうしても書いておきたいことは、園庭につくられた野菜や草花の畑は、大西さん自ら鍬《くわ》をもってつくられたもの。この園庭も絵本同様、園児たちを育てているのです。

この実践記録は、それぞれの終わりの部分に、大西さんの思いや考えが、まとめのようなかたちで書かれています。それは、具体的な日常の実践から得られた、非常に大事な子育て論であり、教育論です。

どんな子どもも「人間」として理解し、愛し続けてきた教育者の、尊い「記録集」といえましょう。

あとがき

幼稚園を定年退職して七年、今なお鮮やかに思い出すのは、絵本だいすきな子どもたちと過ごした、「絵本のへや」での情景です。尊敬してやまない「この本だいすきの会」代表の小松崎進先生に、「忘れないうちに、子どもと取り組んだ絵本との関わりを、会の通信に書いては……」とすすめられたのが、退職間近いある日のことでした。雑書きの記録ノートを何冊も引っ張りだして、ポツポツとひもといていくと、書けるのかどうかと懸念したこともふっとび、つき動かされるように二年半あまり、なんと三四回も連載させていただくことになったのです。

思い返せば、「絵本のへや」での私の記録メモは、一人ひとりの子どもたちの絵本体験に寄り添いながら、子ども理解を深め、その子どもたちの背景にある、母親や家庭の様子までを視野に、親子理解のヒントを見つけるための、私自身の学びの記録でもあったのです。連載の二年半はそれを再確認することができた、貴重な機会でした。

あとがき

ただ夢中だった駆け出しの園長時代にも、豊かな絵本体験と自然体験を園経営の二本柱にしていました。「絵本のへや」で見届けた子どもたちの姿を、『えほんのへやだより』として発信し続け、「絵本カード」を通した保護者とのコメント交信など、家庭とコミュニケートしていく源となり、子育て支援の支えになりました。「絵本のへや」は、まさに子育て支援の発信基地にもなり得ると確信がもてました。

今、縁あって、市川市にある保育者養成校で、保育に携わる学生を育てる立場になっています。情報化社会に流され、なにか大事なものを忘れがちな若者を憂う一人として、絵本のもつ魅力と、育ての心を学生に伝えようと努力している毎日です。

まずは幼い子に、子守歌のような心地よい、声のスキンシップができる保育者育成を目標に、授業の合間に、おすすめ絵本の読みがたりをはじめて、五年になります。

赤ちゃんから就学前までの乳幼児を、保護育成していく、貴重な時間をともに生活する保育者の仕事は重要ですし、保育学のヒントとなるよい絵本も数多くあります。保育の基本である、「環境を通して行う教育」の場のひとつとして、子どもたちの楽しい読書環境となる「絵本のへや」をもっと大切に、もっと広めたいとの思いから、今回、一冊の本にまとめることが出来ました。とはいってもこの本は、あくまでも子どもたちが書かせてくれたものですし、在職中にともに子どもたちのために、汗してくれた先生方の協力の賜物です。また通信に連載中「次の号が楽しみ」と、エールを送ってくれた〈この本だいすきの会〉のなかまの応援のおかげと感謝しています。

本のカバー絵に使わせていただいたのは、私の定年退職の折に、絵本作家の浜田桂子さんから贈られたもので、私の宝物です。「ひだまり」という題の、ほっこりとした暖かなこの絵は、私が以前勤務していた幼稚園の絵本サークルのお母さんたちが、是非にとお願いして、浜田さんに描いていただいた作品とうかがいました。

最後に、いつも私たちを暖かく見守り、今回は「解説」を書いてくださった小松崎進先生、そして高文研のみなさんに、心よりお礼を申し上げます。

二〇〇七年七月

大西　紀子

大西紀子（おおにし・のりこ）
1940年、秋田県生まれ。千葉県市川市の市立幼稚園で長年にわたり、園ぐるみ、家庭ぐるみ、地域ぐるみの親子絵本読書活動の普及に努める。現在は昭和学院短期大学人間生活学科人間発達専攻で、保育者を養成している。この間、全国学校図書館協議会の絵本委員会委員として、絵本選定にたずさわっている。この本だいすきの会・事務局員および絵本研究部の世話人。共著書に『この絵本読んだら』（高文研）

「絵本のへや」の子どもたち

●二〇〇七年 八 月一五日――――第一刷発行

著 者／大西紀子

発行所／株式会社 高文研
東京都千代田区猿楽町二－一－八
三恵ビル（〒一〇一＝〇〇六四）
電話 03＝3295＝3415
振替 00160＝6＝18956
http://www.koubunken.co.jp

組版／株式会社Web D（ウェブ・ディー）

印刷・製本／株式会社シナノ

ISBN978-4-87498-388-1 C0037

この本だいすき

小松崎 進編著 1,600円

教師・父母・作家らが集う《この本だいすきの会》が長年の経験から百冊を選んで解説、他に三百冊の本のリストも紹介。

この絵本読んだら

小松崎進・大西紀子他編 1,600円

〈この絵本だいすきの会・絵本研究部〉が作る絵本ガイドの決定版。年齢別読みがたり実践記録で、絵本の魅力を大公開!

小学生への 読みがたり・読みきかせ

低学年編 1,400円

中・高学年編 1,500円

小松崎 進・他編

本ばなれが言われる中で、子どもをわくわくどきどきのブックワールドへいざない、本好きにさせる多彩な実践を紹介。

朝の読書が奇跡を生んだ

船橋学園読書研究会 1,200円

女子高生たちを〝読書好き〟に変身させた毎朝10分間のミラクル実践「朝の読書」のすべてをエピソードと〝証言〟で紹介。

続・朝の読書が奇跡を生んだ

林 公+高文研編集部 1,500円

朝の読書が全国に広がり、新たに幾つもの〝奇跡〟を生んでいる。小・中4編、高校5編の取り組みを集めた感動の第2弾!

「朝の読書」が学校を変える

岡山・落合中学校「朝の読書」推進班編 1,000円

「朝の読書」を始めて七年。図書室は今日も子どもたちで一杯!生徒・教師の証言で「朝の読書」の〝奇跡〟を再確認する!

読み聞かせ この素晴らしい世界

ジム・トレリース著 亀井よし子訳

1,300円

読み聞かせの大切さと素晴らしさを、エピソード豊かに、心を込めて体系的に語ったアメリカのベストセラーの翻訳。

赤ちゃんからの読み聞かせ

浅川かよ子著 1,165円

保母さん20年、児童文学作家のおばあちゃんが、男女二人の孫に、生後4カ月から絵本の読み聞かせを続けた体験記録。

かみしばい絵本 アリくんのおさんぽ ひよこちゃんこんにちは

なるせようこ作

いずれもB5変型・表紙共14枚

各1,300円

リング綴じなので、散らからず、無くならず、順番の心配もいりません。家庭でも手軽に紙しばいができます。

◎表示価格は本体価格です(このほかに別途、消費税が加算されます)。